Lorenz Linseis

AUF DEN SPUREN
DER BAJUWAREN IN SÜDTIROL

Verlag „Die Bücherstube“

die bücherstube

ISBN 3-922310-16-8
1986
Verlag „Die Bücherstube“, H. Leonhardt
8090 Wasserburg/Inn

Herstellung: Hofmann, 8225 Traunreut

Inhaltsverzeichnis

EINLEITUNG

Dieses Buch soll nicht nur dazu dienen, in einer für den Laien verständlichen Weise geschichtliche Stätten in Tirol und Südtirol zu erklären, sondern es soll auch dazu beitragen, den Wanderer von den Hauptstraßen wegzulocken, um ihn ohne große Umwege und Mühen an Orte früher bayerischer Geschichte zu führen. Auf mancher Urlaubsreise können wir dem Touristenstrom entfliehen und mit kleinen Ausflügen eine Fülle geschichtlicher Stätten kennenlernen: Wilten bei Innsbruck, Obermais bei Meran, Innichen und Säben um nur einige dieser Stätten hier anzuführen, die auf dem Wege liegen und die wir in diesem Buch gemeinsam betrachten wollen.

Vielleicht ist dieses Buch „Auf den Spuren der Bajuwaren in Südtirol" dem einen oder anderen Leser ein Begleiter auf seiner Reise in den Süden.

Auf den Spuren der Bajuwaren
in
SÜDTIROL

DIE BAJUWAREN

In der Zeit des Untergangs des Römischen Reiches herrschten in unserem ober- und niederbayerischen Land chaotische Zustände. Die Provinzen nördlich der Alpen waren für die Römer nicht mehr regierbar und damit unhaltbar geworden.

Der Germanenfürst Odoaker, der Nachfolger des letzten weströmischen Kaisers Romulus Augustulus, hielt die Zügel der römischen Herrschaft in seinen Händen. Er gab seinen Truppen um 488 n. Chr. den Befehl zum Rückzug aus Germanien. Aber ein Teil der römischen Soldaten und Verwaltungsbeamten hatte sich in den vorhergegangenen Jahrhunderten mit der einheimischen Bevölkerung versippt und verschwägert und wollte deshalb die neu gewonnene Heimat zwischen Alpen und Donau nicht verlassen. So war in dieser Übergangszeit ein Zusammenwachsen der unterschiedlichen

Bevölkerungsteile zu erkennen, aber die Kontinuität der römischen Kultur blieb dabei gewahrt, ein Kulturbruch im Übergang von der Antike zum frühen Mittelalter ist nicht festzustellen.

Die großen Städte wie Augsburg, Regensburg und Salzburg mußten mehrmals gegen den Ansturm der germanischen Stämme verteidigt werden. Die Kastelle und die kleineren „burgi" boten den Einheimischen Zuflucht. Zum Schutz der Bevölkerung bildete sich eine Bürgerwehr, die gemeinsam mit den zurückgebliebenen römischen Soldaten diese Fluchtburgen gegen die herumziehenden Räuber verteidigten.

Die neueren archäologischen Grabungen zeigen uns, daß in der Zeit des geschilderten Rückzugs der römischen Truppen aus Norikum und Rätien, wie das Gebiet der oberbayerischen Hochfläche und ein Teil des heutigen Österreichs damals genannte wurde, die ungeschützten Wohnbauten außerhalb der Mauern geräumt wurden. Die Brandspuren bei den Ausgrabungen lassen deutlich erkennen, daß diese Straßenkastelle und Fluchtburgen von den durchziehenden Horden in der Völkerwanderungszeit oft niedergebrannt worden waren und die Funde - besonders die Münzfunde - erleichtern uns die zeitliche Festlegung dieser Ereignisse. Aus der geschilderten langsamen Rückzugsbewegung der römischen Besatzungstruppen und dem Zurückbleiben mancher Soldaten ist zu erklären, warum sich das romanische Element besonders lange entlang des Weges zum Brenner und im oberen Etschtal erhalten hat.

Wie sieht nun der Alltag der Menschen in dieser schweren Zeit aus? Neben den stummen Zeugnissen der Archäologie sind wir im glücklichen Besitz einer schriftlichen Quelle eines Augenzeugen dieser Endphase der Völkerwanderungszeit. Die Vita des hl. Severin überliefert uns sein Wirken in den bedrängten römischen Grenzprovinzen und berichtet uns über das Leben seiner Zeitgenossen.

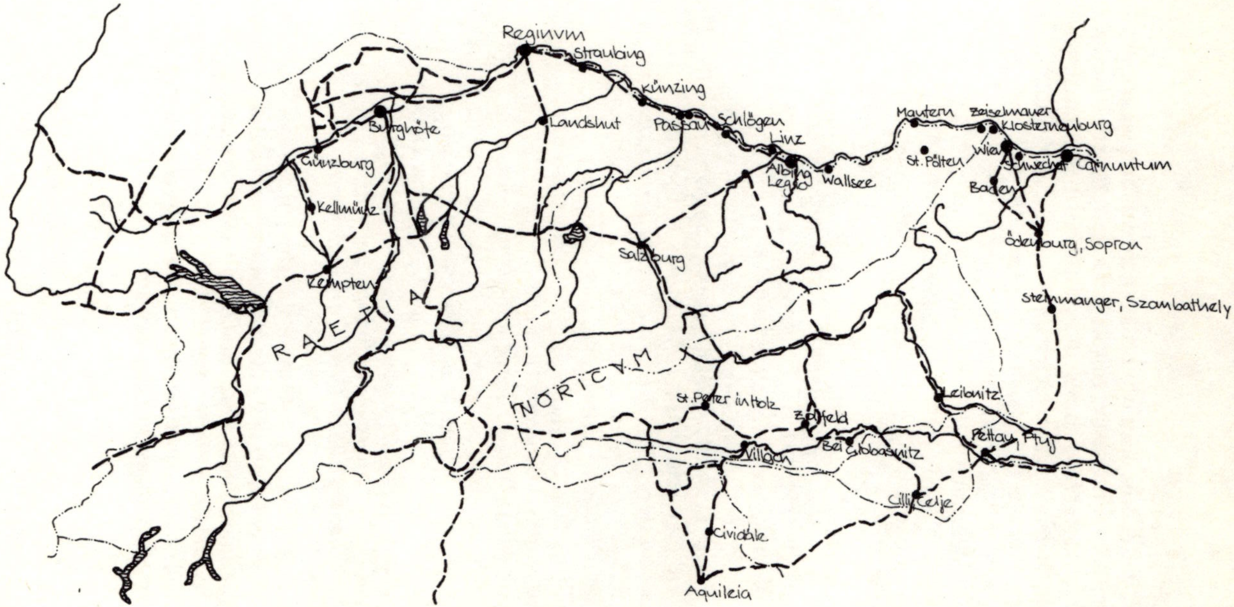

Karte von Noricum und Raetia

Severin wurde um etwa 410 n. Chr. geboren und wirkte von 450 bis 482 n. Chr. an der mittleren Donau. Er galt, obwohl nur ein einfacher Mönch, als „das geistliche Oberhaupt dieser Provinz“ (R. Noll). Er versuchte als Helfer in der Not mit Gottes Wort, aber vor allem auch mit Taten der Bevölkerung beizustehen. Sein Mitbruder Eugippius, der die letzten Lebensjahre des Heiligen mit ihm gemeinsam verbrachte und nach seinem Tod seinen Leichnam nach Italien überführte, gibt uns in der von ihm verfaßten Lebensgeschichte einen anschaulichen Einblick in das Leben jener Tage:

„Zur selben Zeit führten Barbarenräuber auf einem unvermuteten Raubzug alles, was sie an Menschen und Vieh außerhalb der Mauern angetroffen hatten, als Beute weg. Da eilten mehrere Bürger weinend zum Manne Gottes und berichteten ihm von ihrem unheilvollen Mißgeschick, wobei sie ihm gleichzeitig die Spuren der jüngsten Räubereien zeigten. Er aber befragte den damaligen Tribunen Mamertinus, der nachmals zum Bischof bestellt wurde, ob er einige Bewaffnete bei sich habe, mit denen er die Räuber unverzüglich verfolgen könnte. Jener antwortete: ‚Ich habe zwar ein paar Soldaten zur Verfügung, aber ich wage es nicht, mich mit einer so beträchtlichen Feindesschar in einen Kampf einzulassen. Doch wenn Deine Ehrwürden es befiehlt, glauben wir, daß wir trotz unserer waffenmäßigen Unterlegenheit dank Deinem Gebete dennoch siegen werden.’

Und der Diener Gottes sprach: ‚Auch wenn Deine Soldaten unbewaffnet sind, jetzt werden sie aus Feindesgut Waffen erhalten; denn weder zahlenmäßige Stärke noch menschliche Tapferkeit ist erforderlich, wo sich Gott als Vorkämpfer in allem erweist. Geh nur in Gottes Namen schleunig, geh voll Vertrauen; denn wenn Gott in seiner Barmherzigkeit voranschreitet, wird auch der Schwächste sehr mutig erscheinen. Der Herr wird für Euch kämpfen und Ihr werdet schweigen. Geh also schnell und beachte vor allem das Eine, daß Du die Barbaren, die Du gefangen nimmst, unversehrt zu mir bringst.'

Sie rückten also aus und trafen beim zweiten Meilenstein an einem Bache namens Tiguntia auf die erwähnten Räuber. Sie schlugen sie blitzschnell in die Flucht und erbeuteten vor allem die Waffen. Die übrigen aber fesselten sie und brachten sie auftragsgemäß als Gefangene zum Diener Gottes. Er ließ ihnen die Fesseln lösen, sie mit Speis und Trank laben und sprach kurz folgendes: ‚Geht und vermeldet Eueren Spießgesellen, sie sollen sich ja nicht mehr unterstehen, aus Raubgier in unsere Nähe zu kommen, sonst wird sie unverzüglich das göttliche Strafgericht ereilen, da Gott für seine Diener kämpft und sie so sehr mit übernatürlicher Stärke zu schützen pflegt, daß die Geschosse der Feinde ihnen keine Wunden zufügen können, sondern ihnen diese vielmehr noch Waffen liefern.'

Die Barbaren wurden also entlassen und er selbst dankt für die Wundertat Christi und verheißt, daß um seiner Barmherzigkeit willen diese Stadt niemals wieder feindliche Raubüberfälle mitmachen würde, solange weder Glück noch Unglück die Bürger vom Dienst an Gott abspenstig machen."

Die hier genannte Stadt ist Favianis in Norikum, das heutige Mautern. In der Nähe dieser Stadt zog sich der hl. Severin in einen etwas abseits gelegenen Ort zurück, der „Zu den Weinbergen" hieß, wo er sich mit einer kleinen Zelle begnügte.

Aber durch Gottes Offenbarung, so berichtet uns Eugippius weiter, wird er veranlaßt, nach Mautern zurückzukehren und erbaute nahe der Stadt ein Kloster, wo er viele nach seinem heiligen Vorsatz zu unterweisen begann und hierbei mehr durch Taten als durch Worte die Seelen seiner Hörer schulte.

Severin war also kein weltfremder Kleriker, sondern er erwarb sich durch sein politisches Geschick und sein Organisationstalent das Ansehen und den Respekt seiner Zeitgenossen.

Auch Odoaker, ein junger Germanenfürst, war unter ihnen. Eugippius beschreibt ihn als einen hochgewachsenen jungen Mann, der in ärmlichem Gewande vor dem Heiligen erschien. Severin sagte zu ihm:

> *„Geh nach Italien, geh; zwar bist Du jetzt mit abgewetzten Fellen bekleidet, aber bald wirst Du viele reichlich beschenken."*

Odoaker setzte - wie schon erwähnt - den letzten weströmischen Kaiser ab und übernahm die Herrschaft in Italien, zu der Zeit als die Ostgoten dort eindrangen.

Aber noch einmal zurück zu Severin, der in hohem Ansehen bei seinen Zeitgenossen in Norikum und Rätien stand:

> *„Als noch die oberen Städte Ufernorikums (an der Donau) bestanden und fast kein einziges Kastell von den Überfällen der Barbaren verschont blieb, stand der hl. Severin in derartig hohem Ansehen, daß ihn die einzelnen Kastelle um die Wette einluden, als könnte er ihnen die Mauern ersetzen; denn sie glaubten, es könnte ihnen in seiner Gegenwart kein Unglück widerfahren."*

Sicherlich sind zeitgenössische Berichte dieser Art - und dies gilt vor allem für die Lebensbeschreibungen Heiliger - nicht ungeprüft zu übernehmen. Historie und legendäre Überhöhung formen sich im Weltbild des mittelalterlichen Menschen zu einer Wirklichkeit besonderer Art. Aber dennoch haben wir mit dem Bericht des Eugippius eine einzigartige Quelle für die Zeitumstände um 450 n. Chr., die uns sehr anschaulich die Auflösungserscheinungen des römischen Reiches in Südbaiern und Oberösterreich schildert, ehe die Bajuwaren in der Geschichte erscheinen.

Der hl. Severin starb 482 n. Chr. und wenige Jahre darauf verließen viele römische Soldaten und Verwaltungsbeamte das Land zwischen Donau und Alpen. Die christlichen Mitbrüder des Heiligen nahmen in Erfüllung des letzten Willens seinen Leichnam mit nach Italien, um ihn dort in Heimaterde zu bestatten.

Der freie Raum im heutigen Niederbayern, Oberbayern und Oberösterreich war in dieser unruhigen Zeit nur dünn besiedelt und erregte natürlich die Begierde der Germanen, die auf Landsuche waren.

Wir stehen am Beginn der Geschichte des baierischen Stammes, die zumindest so interessant ist, wie sie auch umstritten bleibt. Seit den Tagen des frühen baierischen Geschichtsschreibers Aventin spaltet sie die Zunft der Historiker in zwei Lager.

Zur Klärung der Sachlage erweist sich hier wieder die Archäologie als wichtigste Nachbardisziplin der Geschichtswissenschaft und der Spaten fördert Jahr für Jahr beredte Zeugen der Vergangenheit zu Tage. So geben z. B. - neben manchem anderen - die Art und Weise der Beisetzung und die im Grabe befindlichen Beigaben der Toten wichtige Aufschlüsse über Herkunft und Zugehörigkeit eines Volkes oder einer Volksgruppe.

Die archäologischen Funde in den Friedhöfen vor und nach Severins Zeit zeigen uns die Sitte der Bestattung in Reihengräbern. Diese Reihengräber sind damals sehr stark verbreitet im Raum von Böhmen und werden um 500 n. Chr. dann dort weniger und weniger. Zur selben Zeit nehmen die Reihengräberfelder im südbaierischen Raum stark zu, das läßt nun eine Einwanderungsgruppe dieser „Reihengräberleute" in den südbaierischen Raum annehmen. Eine vorübergehende Verstärkung der Belegung der Gräberfelder einige Jahrzehnte nach 500 n. Chr. läßt eine zweite schwächere Einwanderungswelle vermuten, als die nun seßhaft gewordenen Siedler ihre Verwandschaft nachholten.

Schon immer wurde angenommen, daß ein nicht geringer Teil unserer baierischen Vorfahren aus Böhmen eingewandert sei und dies ist nun durch Funde aus den Reihengräberfeldern nachzuweisen. Diese Einwanderer, die mehr oder minder friedlich in den südbaierischen Raum eindrangen, haben sich mit den Einheimischen, also den hier wohnenden Kelten und den zurückgebliebenen Römern, vermischt. Die Meinung der Geschichtsgelehrten ist geteilt, ob der überwiegende Teil der neugebildeten Bevölkerung aus Böhmen eingewandert ist oder ob der größere Teil aus den bereits seßhaften Kelten und Romanen gebildet wurde.

Vergleichen wir die damalige Zeit mit den Zuständen nach dem Zweiten Weltkrieg in den deutschen Ostgebieten, dann haben wir dieselben Bilder vor unserem geistigen Auge: Krieg und Untergang und eine sich langsam bildende neue Form des Lebens in der Bevölkerung.

Ebenso mag sich am Ende der Wirren der Völkerwanderungszeit aus Einheimischen, zurückgebliebenen Römern und nachdrängenden Einwanderern der neue junge Volksstamm der Bajuwaren gebildet haben.

Der Archäologe Walter Sage hat aufgrund seiner Analyse der Funde im Altenerdinger Gräberfeld den Sachverhalt folgendermaßen beschrieben:

> *„Nimmt man das Vorhandensein zweier recht unterschiedlicher anthropologischer Gruppen, von denen übrigens der ‚mediterranen' Gruppe fast keine mit voller Bewaffnung beigesetzten Männer angehören, dann wird man den Gedanken an die bajuwarische Landnahme im Sinne einer einmaligen geschlossenen Besetzung eines fast menschenleeren Landes vollends in Zweifel ziehen müssen und stattdessen an die Entstehung des baierischen Stammes als politische Einheit aus einer Mehrzahl kleiner Gruppen und Verbände und zwar im heute noch innegehabten Siedlungsraum denken, an eine Stammesbildung also, die ihre Parallele in der Ausformung anderer Großstämme wie der Franken und Alemannen findet."*

Schriftliche Erwähnung findet der Name der Bajuwaren erstmals bei dem Ostgoten Jordanes, als er um 551/552 n. Chr. die Geschichte über den Ursprung und die Taten der Goten schrieb. Jordanes nennt die „Baibari" als die östlichen Nachbarn der Schwaben. Die Baiern haben als Stamm ihren Namen gefunden, wie immer er auch von den Sprachwissenschaftlern abgeleitet oder gedeutet werden mag.

Als Erklärung zur Schreibweise sei hier eingefügt, daß die Baiern und die Bajuwaren ursprünglich in Urkunden mit „i" geschrieben wurden und erst seit 1825 laut königlicher Verfügung mit „y" geschriebene Bayern wurden, so daß in diesem Buch konsequenterweise die Baiern in der frühen Geschichte mit „i" geschrieben werden und in und kurz nach der Völkerwanderungszeit als Bajuwaren bezeichnet werden.

Um das Jahr 565 n. Chr. kam ein Pilger auf seiner Reise zum Grab des hl. Martin in Tours im Frankenreich durch Baiern. Er schrieb darüber ein Buch, in dem er seine Reise für heimkehrende Pilger in umgekehrter Wanderrichtung von Frankreich über Baiern nach seinem oberitalienischen Heimatland schilderte. Seine Wanderung durch unser Gebiet beschrieb er so:

> *„Wenn Dir das Überschreiten der Barbarenströme gestattet wird, so daß Du ruhig über Rhein und Donau gehen kannst, so gelangst Du nach Augsburg, wo Wertach und Lech fließen. Dort wirst Du die Gebeine der hl. Märtyrerin Afra verehren. Wenn die Straße offen ist und Dir nicht der Baier kriegerisch entgegentritt, so ziehe dort durch das Gebirge, wo in der Nähe die Orte der Breonen liegen. Du betrittst das Land dort, wo der Inn sich in reißendem Strudel dahinwälzt."*

Venantius Fortunatus, der diesen Weg schildert, war als Pilger durch diese Gaue gewandert, so daß er seinen Weg anschaulich beschreiben konnte. Das Interessante an seinem Reisebericht ist für uns die Erwähnung der Bajuwaren und die Beschreibung des Reisewegs über Augsburg, das Inntal und das Pustertal und von dort über den Plöckenpaß nach Oberitalien. Die in seinem Bericht genannten Orte und Flüsse werden in unserem Buch mehrmals genannt und auf ihre Geschichte hin untersucht.

Der schon erwähnte ostgotische Geschichtsschreiber Jordanes berichtet, daß im Westen an die Baiern die Schwaben angrenzen, westlich der Schwaben die Franken sitzen, im Süden davon die Burgunder und im Norden der Schwaben die Thüringer. Wir können nun als gesichert annehmen, daß der bajuwarische Stamm zu beiden Seiten des Inns saß und das Land westlich fast bis zum Lech und östlich bis an die Salzach in Besitz genommen hatte.

Auch die anderen germanischen Stämme hatten am Ende der Völkerwanderung im 6. Jahrhundert n. Chr. ihre endgültigen Wohnsitze eingenommen und versuchten im Laufe der folgenden Jahrhunderte ihre Einflußbereiche auszudehnen, so wie es auch die Bajuwaren versuchten.

Als erster bajuwarischer Herzog wird Garibald I. in einer fränkischen Urkunde erwähnt, in der er vom fränkischen König Theudebald († 555 n. Chr.) als „unus ex suis" - einer von den Seinen - bezeichnet wird, ein Hinweis auf die politische Abhängigkeit von den Franken. Er heiratete die verwitwete langobardische Königstochter Waltrada, die nach dem Tode ihres fränkischen Mannes weiterhin am Königshof lebte. Diese Verheiratung mit Waltrada ist ein sichtbares Zeichen für die privilegierte Stellung Garibalds im Frankenland.

Das baierische Herzogshaus, das den Namen der Agilolfinger trägt, ist mit dem fränkischen Herrschergeschlecht der Merowinger versippt und verschwägert. Der Gewohnheit der damaligen Zeit entsprechend wurden nicht nur Bündnisse und Verträge abgeschlossen, sondern diese Bündnisse vor allem mit Heiraten innerhalb der herrschenden Familien gefestigt.

Das erste historisch belegte baierische Herzogspaar Garibald und Waltrada regierte und residierte in Regensburg. Von dieser Stadt erzählt ein baierischer Geschichtsschreiber, es sei

> *„eine feste Hauptstadt der Baiern, uneinnehmbar aus Quadern gebaut, mit hochragenden Türmen und mit Brunnen reichlich versehen."*

Es ist anzunehmen, daß die Stadt Regensburg - und auch wohl die anderen römischen Städte in Norikum und Rätien - als staatlicher Besitz angesehen wurde und so von den Römern in das Eigentum der baierischen Herzöge, als deren Rechtsnachfolger, überging.

- Garibald I († um 592) ⚭ Waltrada
  - Tassilo I († um 610)
    - Garibald II
      - Agilolf († um 650)
        - Theodo I
          - Theodo II († um 717)
            - Theodo III (Theodebert, † um 725)
              - Hucpert († 736)
            - Grimoald ⚭ Piltrud
            - Theodebald
            - Odilo († 748) ⚭ Hiltrud
              - Tassilo III ⚭ Luitberga
  - Gundald
  - Theodolinde († 625) ⚭ Authari ⚭ Agilolf

Genealogie der Agilolfinger

Konrad Beyerle „Lex Baiuvariorum", Faksimile der Ingolstätter Handschrift München 1926

Frühbairische Trachten des 8. Jahrhunderts:

freie Baierin

Rekonstruiert von F.C. Lipp, gestaltet von Helmut Krauhs, Wien
Aus dem Katalog: Baiernzeit in Oberösterreich (3)

freier Baier

Wohnhaus (domus) eines frühbairischen Gehöftes. Konstruktionsmodell. Entwurf: G. Dimt, Modellbau: R. Schober

Berghütte über dem Eisacktal

Bajuwarisches Dorf im 8. Jahrhundert

Herzog Garibald steht am Ende seiner Regierungszeit im Kampf mit den Slawen im oberen Pustertal und es kommt zu ersten Berührungen mit den Langobarden im Eisack- und Etschtal, die um 568 n. Chr. nach Oberitalien eingedrungen waren.

Die später so berühmte Tochter Theodolinde des Herzogs Garibald war mit dem Frankenkönig Childebert II. verlobt, um das Bündnis zwischen Bajuwaren und Franken zu stärken. Diese Verlobung wurde später gelöst und die von Childebert verschmähte Theodolinde wird die Braut des Langobardenkönigs Authari. Diese „Liebesgeschichte“ zeigt deutlich die bajuwarische Politik, die sich vom fränkischen Einfluß löste und die Bindung zu den stammesverwandten Langobarden suchte. Im Zuge dieser Annäherung wird der bajuwarische Herrschaftsbereich nach Süden in die Alpentäler, über den Brenner in das Eisack- und das Pustertal ausgedehnt. Die Bajuwaren waren von den dort lebenden Alpenromanen und den im Lande verbliebenen Römern gegen die Slawen zu Hilfe gerufen worden, die vom Osten aus dem Drautal in das Pustertal eingedrungen waren. In den Jahren dieser kriegerischen Auseinandersetzungen im Süden verschwindet der Name Garibalds aus der Geschichte.

Urkunden aus der Zeit seines Nachfolgers, Tassilo I., sind spärlich überliefert, so daß nur aus Quellen anderer Stämme Rückschlüsse auf seine Regierungszeit möglich sind.

Eine der Hauptquellen, die Rückschlüsse auf die frühe bajuwarische Geschichte zuläßt, die „Lex Baiuwariorum“, das Gesetz der Bajuwaren, ist bis in unsere Tage erhalten geblieben.

„Dies alles hat Dagobert, der ruhmreiche König, durch die erlauchten Männer Claudius, Chadoindus, Magnus und Agilolfus erneuert und alle alten Gesetze verbessert und jedem Stamm schriftlich gegeben, die bis auf den heutigen Tag in Geltung sind."

Die beiden Erstgenannten Claudius und Chadoindus sind Franken. Das läßt sich aus anderen Quellen zweifelsfrei nachweisen. Wer aber sind Magnus und Agilolfus?

Kurze Zeit nach der Regierung des Frankenkönigs Dagobert wird eine fränkisch-burgundische Chronik niedergeschrieben, die sogenannte Fredegar-Chronik. Aus ihr ist rückzuschließen, daß Magnus wahrscheinlich ein Schwabe und Agilolfus ein Bajuware ist. Darüber hinaus ist im Gesetzbuch der Baiern, der Lex Baiuwariorum, festgelegt, daß

„die Herzöge immer aus dem Geschlechte der Agilolfinger sind."

Der im Prolog im Gesetz genannte Agilolf ist also ein Herzog der Baiern und regierte etwa zwischen 630 bis 650 n. Chr.

Drei geschichtliche Mächte haben dieses Gesetzbuch geprägt: Die stammespolitische Ordnung durch das Herzogshaus der Agilolfinger, das Streben des fränkischen Reiches nach Oberherrschaft über die Bajuwaren und die versöhnende und bewahrende Kraft des römischen Christentums.

Im Laufe des 7. Jahrhunderts verlor das fränkische Geschlecht der Merowinger immer mehr und mehr an Kraft, so daß die Oberhoheit der Franken über die Bajuwaren kaum mehr spürbar war. Ein Chronist beschrieb das Absinken der Würde und der Macht der fränkischen Könige sehr anschaulich.

Der gelehrte Verfasser ruft in einem Prolog die großen Gesetzgeber des Altertums auf. Dann knüpft er an die Gegenwart des fränkischen Königshauses unter Dagobert I. (628 - 638 n. Chr.) an, indem er verkündet:

> *„Es war nämlich bei ihnen Sitte, daß ihr Herrscher, den sie auch König nennen, nur dem Namen nach herrsche und nichts tue oder anordne, sondern nur maßlos esse und trinke; er verläßt seinen Palast nicht, nur am 1. Mai führt er den Vorsitz in der Volksversammlung, begrüßt sie und nimmt ihre Huldigung entgegen. Sonst verbringt er sein Leben für sich allein bis zum nächsten Mai."*

Unter der so schwindenden Oberhoheit der Franken konnten die ersten bajuwarischen Herzöge Garibald, Tassilo und Agilolf machtpolitisch fast selbständig handeln und in einigen Bereichen ihrer Politik völlige Handlungsfreiheit gewinnen. Dies wirkte sich besonders im Ausdehnen des Stammesbereiches nach Südosten und Süden aus.

Erst unter Karl Martell (714 - 741 n. Chr.) wurde die Kraft der fränkischen Hausmaier spürbar, die sowohl die Merowinger vom Königsthron verdrängten als auch die Baiern, nach einer Phase relativer Selbständigkeit, wieder unter strenge fränkische Oberhoheit nahmen.

Die politische Lage begann sich zu verhärten als die Baiern wieder versuchten, sich dieser Abhängigkeit zu entledigen. Es kam zu ständigen Auseinandersetzungen und Kriegen zwischen Franken und Baiern, zwischen dem fränkischen Königshaus der Karolinger und dem bajuwarischen Herzogshaus der Agilolfinger.

Nach Theodo I., der etwa in der Mitte des 7. Jahrhunderts regierte, kam mit Theodo II. ein starker Herzog in Baiern an die Macht. Er hatte sich in den Jahren 688 und 691 n. Chr. mit dem fränkischen Hausmaier Pippin dem Mittleren, dem Vater Karl Martells, auseinanderzusetzen. Die Metzer Annalen berichten uns, daß Pippin die Baiern besiegte,

> *„die einst zu den Völkern gehörten, die von den Franken unterworfen worden waren"*

und die nun versuchten, die Oberherrschaft des fränkischen Stammes abzuschütteln.

Aber sowohl Pippin als auch Karl Martell hatten sich gegen den Ansturm der Araber aus Spanien zu verteidigen und brauchten dazu die ganze Kraft ihres Stammes und ihrer Verbündeten. So konnte der Bajuware Theodo II. die Zeit nutzen und sein Herzogtum im Süden bis nach Bozen und darüber hinaus ausdehnen. Um nun das groß gewordene Baiern regieren und verwalten zu können, wollte Theodo es in vier Teilherzogtümer unter seine Söhne aufteilen.

Regensburg, die fest ummauerte Stadt, blieb der Stammsitz des Herzogs und seines Nachfolgers Theudebert, ein weiteres Teilherzogtum erhielt als Hauptstadt Freising, die beiden anderen Landesteile hatten ihren Mittelpunkt in Passau und Salzburg. Von dort gingen die christlichen Missionen nach Südosten und Süden aus.

Aus einer zuverlässigen Geschichtsquelle, dem Papstbuch des 8. Jahrhunderts, erfahren wir, daß sich der alternde Herzog Theodo auf eine Pilgerreise zum Papst nach Rom begab:

> *„Theodo, der Herzog der Baiern, kam mit anderen seines Stammes zum Grab des seligen Apostels Petrus mit dem Wunsch, als erster seines Stammes zu beten."*

Hier ging es um reale Politik, die mit der Kraft der Organisation der römischen Kirche betrieben wurde, indem der Papst den Wunsch des Herzogs Theodo II., eine eigene baierische Kirchenprovinz zu erhalten, erfüllte.

Er sandte kurze Zeit nach der Romreise im Jahre 715 n. Chr. drei päpstliche Legaten mit der Weisung an den Herzogshof in Regensburg, daß sie eine Kirchenorganisation entsprechend der örtlichen Verhältnisse errichten sollten:

> *„Ihr sollt in Berücksichtigung der Ortsverhältnisse nach der herzoglichen Gebietseinteilung Bistümer errichten."*

Bald nach seiner Romreise stirbt Theodo II. und seine Nachfolger regieren jeweils nur kurze Zeit in ständiger Auseinandersetzung mit dem fränkischen Hausmaier Karl Martell, der die Oberhoheit über die Baiern wieder kraftvoll ausübt.

In dieser Zeit bleibt die römische Kirche Bindeglied zwischen Baiern und Franken, so daß der politische Gegensatz sich nicht auf das religiöse Leben überträgt. Die Franken sandten in dieser Zeit drei Glaubensboten nach Baiern, die nicht nur missionierten, sondern auch als Sendboten des fränkischen Königshauses gekommen waren. Sie lösten mit Geschick ihre christliche und fränkische Aufgabe und wurden so „die Apostel Baierns": Emmeram, Rupert und Korbinian.

Am frühesten war Emmeram als Bischof nach Baiern gekommen. Auf einem Grabstein, der erst lange Zeit nach seinem Tod errichtet wurde, steht, daß er als Bischof von Poitiers gekommen sei, um

> *„das Wort Gottes im Baiernland zu predigen."*

In Regensburg trat Emmeram vor den Herzog Theodo und bat ihn um die Befürwortung seiner Missionspläne, die ihn nach Ungarn führen sollten. Bei dem genannten bajuwarischen Herzog kann es sich nicht um Theodo II. handeln, sondern um seinen Vorgänger Theodo I., der von Arbeo in einer Heiligenlegende als

> *„zorniger, von ungezähmter Sucht nach weltlicher Ehre beherrschter Mann"*

geschildert wird. Ermmeram lebte also, wenn wir der Genealogie der Herzöge folgen und der Klostertradition in Regensburg vertrauen, einige Zeit nach der Mitte des 7. Jahrhunderts in Baiern.

Seine Missionstätigkeit im Osten konnte er nicht ausführen. Der Herzog warnte ihn, denn nach dem Abzug der Römer und dem Durchzug einiger Germanenstämme, vor allem der Langobarden, waren die Slawen bis über die Enns hinaus nach Westen vorgedrungen. Emmeram wird im baierischen Stammland geblieben sein und dort für die Verbreitung des rechten Glaubens gesorgt haben, denn ein Teil der Baiern soll damals noch dem Arianismus angehangen haben.

Er wurde auf einer Reise nach Rom bei Helfendorf von Schergen unter der Anführung des Herzogssohns Landpert zu Tode gemartert, der vom „zornigen" herzoglichen Vater Theodo zur Strafe an den Hof des langobardischen Herzogs Grimoald verbannt wurde.

Der Missionstätigkeit des fränkischen Bischofs Emmeram war damit ein Ende gesetzt. Vielleicht war er einer Intrige zum Opfer gefallen, weil er als Sendbote des fränkischen Hofes im baierischen Lande tätig war?

Der hl. Rupert kam später als Emmeram in unser Land, etwa zur Zeit Theodos II. Er stammte aus einem edlen fränkischen Geschlecht und war nach Regensburg beordert worden, um den Herzog zu salben und zu krönen. Dies heißt nichts anderes, als daß Baiern wieder unter starker fränkischer, christlicher Oberhoheit stand.

Rupert versuchte wie Emmeram den Weg der Missionierung nach Osten einzuschlagen, aber er mußte umkehren, da auch zu seiner Zeit die Macht der Slawen im westlich von Salzburg gelegenen Seengebiet noch stark war und sie das Gebiet beiderseits der Enns völlig beherrschten. Er zog sich an den Wallersee zurück und erbaute in dem heutigen Seekirchen eine Peterskirche. Später erfüllte er das Kloster St. Peter in Salzburg mit neuem Leben, um von dort aus die Missionierung voranzutreiben. Ein Klosterbuch aus dieser Zeit zeigt die Kontinuität des römischen Wirkens, denn die Kleriker waren - wie die lateinischen Namen zeigen - noch überwiegend Romanen. Auf dem nahen Nonnsberg gründete Rupert ein Frauenkloster und übergab es der Obhut seiner Verwandten Ehrentrud. Die Nonnen dort trugen zumeist baierische Namen, ein Beweis dafür, daß zur Zeit der Neugründung dieses Klosters um 700 n. Chr. Salzburg bajuwarisch geworden war.

Karl Bosl, der Nestor der baierischen Geschichte, geht sogar davon aus, daß hier in diesem Raum das Zentrum der Entstehung des bajuwarischen Stammes lag.

Der dritte im Bunde des Triumvirats der "Apostel der Baiern" war Korbinian. Er wurde um 680 n. Chr. bei Melun in der Nähe des fränkischen Herrschaftszentrums geboren. Korbinian begab sich auf seiner Wanderung von Gallien über Schwaben nach Baiern und auch er hatte die Absicht an der bajuwarischen Ostgrenze an der Enns die heidnischen Awaren und Slawen zu bekehren. Seine Missionstätigkeit lag später mehr im Süden, denn im Laufe seiner Arbeit in Baiern war er mehrmals gezwungen, über die Alpen zu fliehen und so gibt uns seine Lebensgeschichte interessante Einblicke in die Besiedlung Tirols und Südtirols durch die Bajuwaren.

Zuerst sandte ihn Theodo II. an den Hof nach Freising, wo sein Sohn Grimoald ein Teilherzogtum verwaltete. Korbinian wurde ein feierlicher Empfang bereitet, aber nachdem er erfuhr, daß Grimoald die Frau seines verstorbenen Bruders geheiratet hatte, ließ er ihm folgende Nachricht zukommen:

> *„Ich will Dein Antlitz solange nicht sehen, bis Du Dich von Deiner Frau getrennt hast."*

Nach bajuwarischem und nach christlichem Recht war die Verbindung Grimoalds eine blutschänderische Ehe. Da Korbinian nicht nur christlich Bischof, sondern auch Gesandter, ja man könnte fast sagen er war Kommissar des fränkischen Königs, war es gefährlich für den bajuwarischen Herzog, sich über sein Gebot hinwegzusetzen.

Aber auch für Korbinian war es nach diesem schweren Konflikt mit dem Herzoghaus gefährlich weiterhin in Freising zu leben und er floh an die Grenze des bajuwarischen Herzogtums nach Meran in Südtirol, kehrte dann aber nach dem Tod Grimoalds wieder nach Freising zurück.

Nachdem der Boden für das Christentum in Baiern durch die drei Missionare Emmeram, Rupert und Korbinian bereitet war, mußte nun die Form der kirchlichen Organisation gefunden werden. Der Wegbereiter dafür war Bonifatius. Er stammte aus einem adeligen Geschlecht Britanniens und wuchs in einem Kloster nahe bei Southampton auf. Während einer Pilgerreise in die Ewige Stadt wurde er vom Papst Gregor II. (715 - 731 n. Chr.) zum Organisator der deutschen

Kirche erkoren und ausgesandt, um dieses Land und die noch wenigen nicht bekehrten Stämme für den Gekreuzigten zu gewinnen. Vom nachfolgenden Papst Gregor III. wurde er zum Lohn für seine Mühe zum apostolischen Legaten und Erzbischof ernannt und ordnete als solcher auch das Kirchenwesen in Baiern neu.

Im Jahre 740 n. Chr. fand die erste baierische Synode statt, kurz darauf die erste gesamtgermanische. Das baierische Land wurde entsprechend den von Theodo II. vorgesehenen Teilherzogtümern, die zwar in der Zwischenzeit wieder vereint worden waren, in vier Diözesen eingeteilt:

Regensburg
Freising
Passau
Salzburg.

Diese Bistümer missionierten im Osten und Südosten Baierns, Freising gründete Klöster im Tiroler und Südtiroler Raum zusammen mit dem Herzog und den großen baierischen Adelsgeschlechtern.

Auf den römischen Straßen war die erste Christiansierungswelle von Rom aus mit Soldaten und Kaufleute nach Norden gedrungen über den Brenner, den Inn entlang bis zur Herzogstadt Regensburg. Dieser Missionsweg ist noch heute erkennbar, denn in den ersten Jahrhunderten nach Christus wurden in der Zeit der Petrusverehrung die ersten christlichen Kirchen dem Apostel Petrus geweiht. Die Heiligenverehrung gibt also wichtige Aufschlüsse über die baierische Missionsgeschichte und über die politischen Einflüsse. So läßt sich nach der Petrusverehrung ein starker, aber vorübergehender, Einfluß byzantinischer Missionare feststellen, die ihre Kirchen dem hl. Georg und dem hl. Michael widmeten.

Westlich des Inns im baierischen Oberland ist der Hochadel mehr mit den Franken verbunden und verschwägert. Hier dominieren deshalb fränkische Patrozinien und ein Heiliger wie Dionysius, der fränkische St. Denis, ebenso wie Tertullinus, der Kirchenpatron im Kloster Scharnitz in Klais bei Mittenwald, werden hier verehrt.

Im Osten war Herzog Odilo (741 - 748 n. Chr.), der nach wirren Kriegszeiten in Baiern auf den Thron kam, ein Klostergründer. Vom Herzogsbereich Niederalteich und Metten aus wurden neben anderen die Klöster Chammünster in der Oberpfalz und Mondsee und Mattsee im heutigen Oberösterreich gegründet. Die Herzöge nützten natürlich die Kloster- und Kirchengründungen dazu ihren Machtbereich auszudehnen.

Odilo brachte die besten Voraussetzungen mit, den Frieden mit den Franken wiederherzustellen. Er war mit Hiltrud, der Schwester Pippin des Jüngeren (741 - 768 n. Chr.) verheiratet. Aber die Friedenshoffnungen erfüllten sich nicht, da Pippin nicht zuließ, daß sich der baierische Herzog der Oberherrschaft der Franken zu entziehen suchte.

Im Jahre 743 n. Chr. kam es zu einer gewaltigen Schlacht am Lech. Das baierische Heer wurde geschlagen und nur mit Mühe und Not gelang es dem Herzog und wenigen seiner Getreuen über den Inn zu entfliehen.

Pippin und die Franken sahen diesen Sieg als Gottesurteil an und sie hielten dem gefangenen Regensburger Bischof aus dem baierischen Heer und dem päpstlichen Gesandten Sergius vor:

„Gestern hast Du uns gesagt, daß der Herr Papst aus eigener Vollmacht und als Vertreter des heiligen Petrus unser Recht über die Baiern bestritten habe und wir sagten Dir, daß weder der heilige Petrus noch der apostolische Herr Dich mit solchem Auftrag geschickt hat. Denn wisse, wenn der heilige Petrus erkannt hätte, daß wir nicht im Rechte seien, so würde er uns heute in dieser Schlacht seinen Beistand nicht geliehen haben. Nun aber sei versichert, daß durch die Vermittlung des hl. Petrus, des Apostelfürsten, durch Gottesurteil, dem wir uns ohne Bedenken unterzogen haben, das Land und Volk der Baiern zum Reich der Franken gehöre."

Der große Gegensatz in der Politik der Franken und der Baiern war in der Zielrichtung ihrer Eroberung und Ausdehnung begründet. Der fränkische König Pippin war in erster Linie mit Eroberungen im Süden Frankreichs - nach der erfolgreichen Abwehr der Araber durch seinen Vater Karl Martell - beschäftigt.

Die bajuwarischen Herzöge dagegen versuchten mit ihren Eroberungen im Südosten und Süden Baierns ihrem Land immer mehr Selbständigkeit und Größe zu geben. Es war die Absicht erkennbar - und die Franken fürchteten dies - ein eigenes Königreich zu errichten. Wolfgang Braunfels schreibt über Tassilo, was sicher auch für Odilo gilt:

„Für Tassilo war es zeitweise durchaus noch realistisch, dem Frankenstaat einen Alpenstaat gegenüberzustellen, zu dem sich Langobarden, Baiern und auch vielleicht die Alemannen zusammenschließen hätten können."

Aber es kam anders. Odilo blieb nach seiner Niederlage am Lechfeld die Aufgabe, die verwüsteten Ländereien im mittleren und östlichen Baiern wieder aufzubauen.

Nach einer kurzen Interimszeit, in der die bajuwarische Herzogin Hiltrud und nach deren Tod der fränkische König Pippin die Regierungsgeschäfte besorgten, kam Tassilo auf den Herzogsthron. Er war ein Neffe Pippins.

Im Jahre 757 n. Chr. erschien er als 16-jähriger zum erstenmal mit einem bajuwarischen Kriegsgefolge bei seinem Onkel und nahm an einem Feldzug gegen die Langobarden teil. Kurze Zeit danach ließ Pippin ihn an seinen Hof nach Nordfrankreich kommen und dort für ihn und seine beiden Söhne Vasallentreue schwören. Aber schon im Jahre 763 n. Chr. verließ Tassilo bei einem Feldzug in Südfrankreich das fränkische Heer in Unfrieden. Dieses Zerwürfnis zeigt wieder deutlich die verschiedenen Zielrichtungen der fränkischen und der bajuwarischen Politik, denn Tassilo schätzte die Kolonisationsarbeit im Südosten und Süden seines Heimatlandes wesentlich höher ein als die Kämpfe an der fernen spanischen Grenze.

Der junge baierische Herzog siedelte in seiner Regierungszeit von 754 - 788 n. Chr. seine Getreuen in den neu kolonisierten Ländern an. In ständigen kriegerischen Auseinandersetzungen mit Awaren und Karantanen schob er die baierische Grenze über die Enns nach Osten vor und im Süden über die Tauernübergänge in das schon von Baiern besiedelte Puster- und Eisacktal.

Der große Sieg Tassilos über die Karantanen im Jahre 772 n. Chr., den ein Geschichtsschreiber sogar mit dem Sieg Alexander des Großen über die Perser vergleicht, war ein wesentlicher Abschnitt in der baierischen Kolonisationsgeschichte.

Als aber Karl der Große in den darauffolgenden Jahren die Langobarden, die Bundesgenossen der Bajuwaren, besiegte, wurden die Zeitläufe für Tassilo schwieriger. Er war nach der Niederlage der Langobarden allein und warb nun bei den Karantanen um Frieden, um im Süden und Südosten Baierns Rückenfreiheit zu bekommen. Vergeblich ersuchte er auch den Papst, sich als Mittler zwischen ihm und Karl d. Gr. zu verwenden.

Aber das tragische Schicksal Tassilos war besiegelt. Er wurde im Jahre 788 n. Chr. zu einem Hoftag nach Ingelheim beordert und dort angeklagt, daß er vor fünfundzwanzig Jahren im Feldzug gegen Aquitanien „Fahnenflucht" begangen hätte. Die Todesstrafe wurde ausgesprochen, doch Karl begnadigte seinen Vetter Tassilo zu lebenslanger Haft. Er und seine Familie verschwanden hinter Klostermauern.

Der Traum von einem Königreich und von einem selbständigen Alpenstaat war ausgeträumt.

Baiern wurde nach fränkischem Vorbild straff organisiert und die Regierungsgewalt einem Schwager Karls d. Gr., dem Alemannen Gerold, übergeben. Das Herzogtum Baiern blieb in seiner staatlichen Selbständigkeit erhalten. Die am Rande des baierischen Machtbereichs liegenden Gebiete wurden entsprechend der fränkischen Organisationsform allmählich in Grafschaften umgewandelt, so z. B. das Nurichtal (norische Eisacktal) und das Pustertal.

Salzburg wurde die kirchliche Metropole und der Freisinger Bischof Arn wurde 798 n. Chr., also zehn Jahre nach dem Untergang Tassilos, zum Erzbischof in Baiern ernannt. Damit waren die südlichen Gebiete Baierns dem Einfluß Aquileias entzogen und nach Salzburg hin orientiert.

Im Verlaufe unseres Buches wollen wir nun den Weg aufzeigen, den die Bajuwaren gegangen sind, um den südlichen Teil der Alpen zu besiedeln und werfen auch einen Blick auf das östlich davon gelegene Land, das heute Österreich genannt wird.

INNTAL

Das Inntal bietet den von der Natur gegebenen Weg zu den beiden großen Alpenübergängen Brenner und Reschen, die von jeher im Sommer und meist auch im Winter begehbar waren. Der Weg zum Brenner führt von Innsbruck nach Süden in das Eisacktal, der Sattel hat eine Höhe von 1374 m. Der Weg zum Reschen führt von Finstermünz im Inntal über die Passhöhe von etwa 1500 m in das Etschtal.

Die allmähliche Besetzung des Inntals wurde, wie damals üblich, durch die Gründung von Klöstern abgesichert. Die Klöster strahlten neben ihrer kirchlichen auch politische Macht aus und brachten Kultur und gesündere Lebensbedingungen durch Verbesserungen der Landwirtschaft in ihren Einflußbereichen.

Wie schon im bajuwarischen Stammland so ist auch im neuen Siedlungsgebiet entlang des Inns die Trennung der vom Herzog oder der vom Adel gegründete Klöster festzustellen.

Als Adelsklöster gelten heute:

Freising
Schäftlarn
Benediktbeuern
Tegernsee
Schliersee
Scharnitz bei Mittenwald

Eigenkirchen der Agilolfingischen Herzöge waren dagegen die Klöster:

Weltenburg, Metten, Chammünster
Herren- und Frauenchiemsee
Mattsee, Mondsee
Kremsmünster

Am Beginn der baierischen Geschichte gab es noch Konsens zwischen Herzog und Hochadel, erst im Ausgang der Agilolfinger Zeit wurde die Trennung zwischen den beiden politischen Kräften stärker spürbar.

Die bajuwarischen Herzöge bauten sich im Inntal durch Kirchen- und Klostergründungen einen Schutzwall gegen den fränkisch orientierten Hochadel und gegen die Franken auf.

Die Linie dieses herzoglichen Schutzwalls ist deutlich auf dem Ostufer des Inns abzulesen:

Stefanskirchen
Riedering
Lauterbach
Höhenmoos
Roßholzen
Altenbeuern
Nußdorf
Erl
Ebbs
Kufstein
Langkampfen
Kirchbichl
Kundl
Rattenberg
Brixlegg

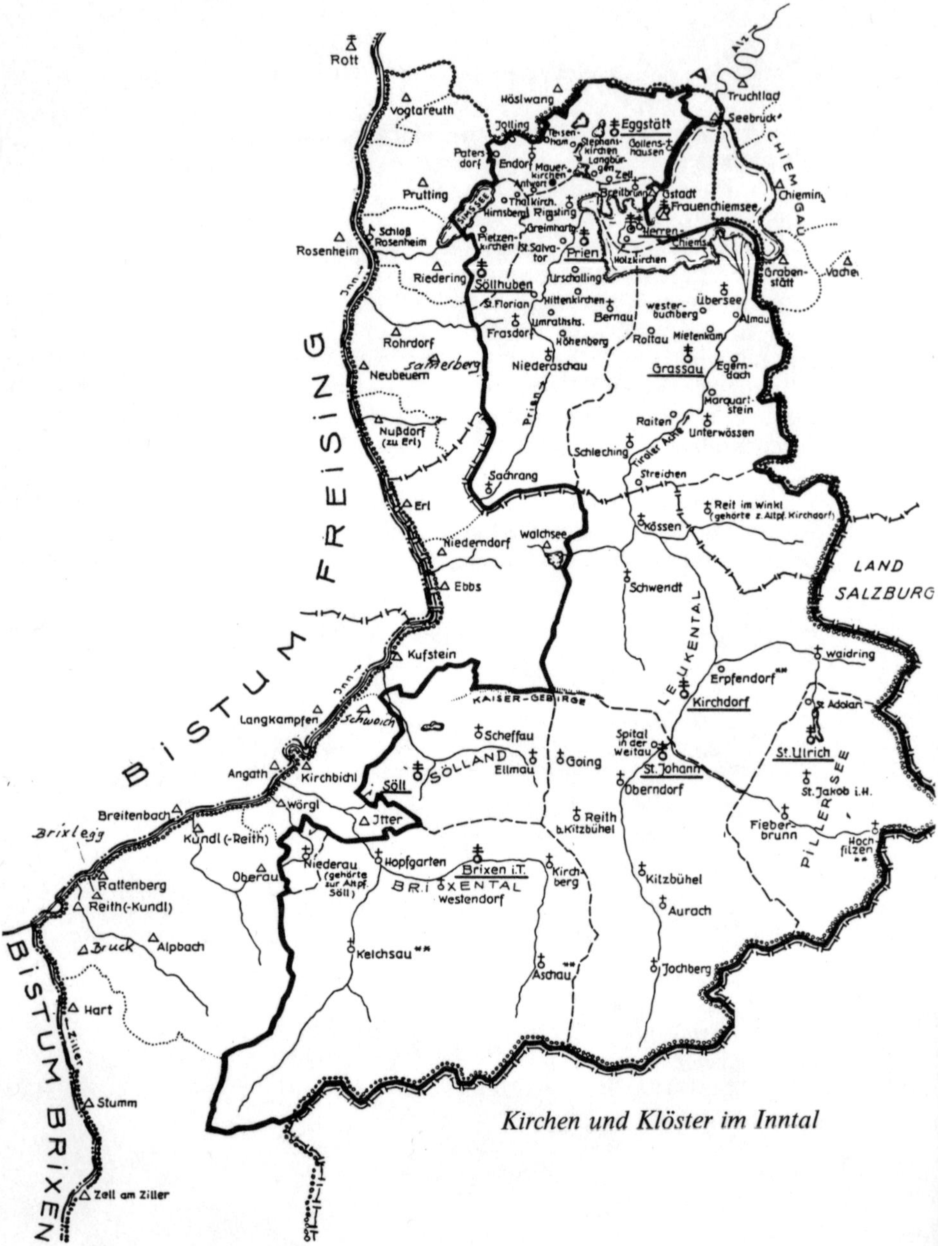

Kirchen und Klöster im Inntal

Überblickt man diese Kirchen- und Klosterlandschaft, so erkennt man deutlich die weit vorausschauende Politik der Agilolfinger - besonders der beiden letzten Herzöge Odilo und Tassilo - die mit dem Aufbau dieses Schutzgürtels sich gegen den baierischen (schon fränkisch orientierten) Hochadel absicherten, nachdem ihnen dieser schon während eines Feldzugs Karls d. Gr. gegen die Baiern die Gefolgschaft verweigert hatte und es so zu einer Kapitulation gekommen war.

Die fünf mächtigen baierischen Adelsgeschlechter waren aus den führenden Sippen ursprünglicher Kleinstämme hervorgegangen, die

Huosi, im Huosigau um Weilheim
Anniona, d. h. die Liebenswürdigen
Droazza, d. h. die Trotzigen
Fangana, d. h. die Frohen
Hahhlinga, die in der Gegend von Haching Wohnenden.

Im Laufe der Zeit war jeder der kleinen Stammesverbände zu einem Staat im Staat geworden, wie wir heute sagen würden. Die Adelsgeschlechter waren immer mächtiger geworden und trotzten der Macht der bajuwarischen Herzöge.

Diese Zweiteilung der Machtbereiche der Herzöge und des Hochadels wirkte sich auch noch über die aufgezählten Orte im Inntal nach Süden aus und war noch lange Zeit im späteren Tirol und Südtirol spürbar.

Das Zillertal, östlich des Inns gelegen, unterstand wieder dem herzoglichen Machtbereich. Es wurde vom herzoglichen Chiemseekloster aus im späten 7. und frühen 8. Jahrhundert gerodet und besiedelt.

Der schon seit römischer Zeit benutzte Weg vom Zillertal in das Salzachtal über den Gerlospaß wurde im Zuge der bajuwarischen Besiedlung im 8. Jahrhundert besser ausgebaut. Ebenso wurde der vorhandene Urweg über das Pfitscherjoch immer häufiger begangen, da er eine wesentliche Wegabkürzung vom Inntal über das Zillertal nach Sterzing war.

Einen Rückschluß auf die Zeit der Besiedlung des Zillertals läßt auch die Ortsnamensforschung zu, denn bei den ältesten baierischen Siedlungen im 7. und 8. Jahrhundert enden die Siedlungsnamen meist auf „ing".

In den nachfolgenden Jahrhunderten weisen in der Zeit der Klostergründungen und der von dort ausgehenden Rodungen die auf „reuth" oder „reith" endenden Ortsnamen auf diese Kulturarbeit hin. Auf diese Ortsnamenforschung soll später noch genauer eingegangen werden. Hier soll nur das Verständnis dafür geweckt werden, daß aus der Deutung der Ortsnamen die Zeit des geschichtlichen Übergangs von Kelten zu Römern und Bajuwaren oft abzulesen ist.

Nach der Einmündung des Zillerflüßchens in den Inn wird die Besiedlung durch die Bajuwaren nach Süden dünner, sowohl in Richtung Brenner als auch in Richtung Reschen. Das zeigt uns, daß die beiden Pässe nur Durchgangswege nach Süden darstellten und das gebirgige Land für eine Besiedlung nicht ergiebig genug war. Die Besiedlung der Seitentäler erfolgte in noch späteren Jahrhunderten.

Ein wichtiger Stützpunkt der Römer in der Nähe des heutigen Innsbrucks war das Kastell auf dem Martinsbühel, lateinisch „castellum teriolis" genannt. Dieser Ort war für zwei hohe römische Offiziere der Amtssitz und ging als römischer - also staatlicher - Grund in der Einwanderungszeit in bajuwarischen Herzogsbesitz über.

Schon der Name des Patroziniums „Martinskirche“ weist auf die frühe Zeit der Christianisierung hin. Die bereits christlichen Bajuwaren wahrten bei der Einwanderung die Kontinuität der Heiligenverehrung.

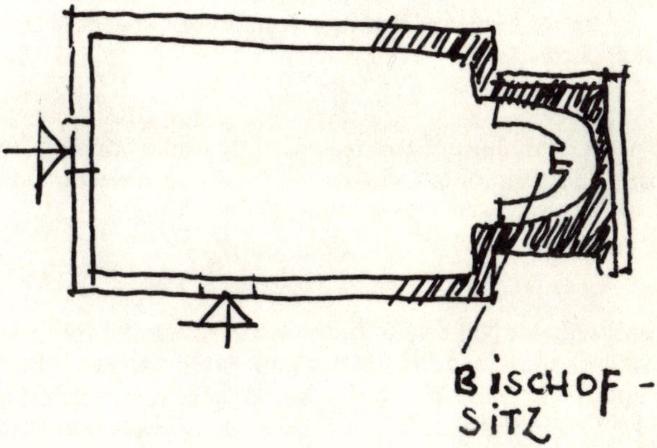

St. Martin auf Martinsbühel (Ausgrabung)

Bei den Ausgrabungen der letzten Jahre wurde aufgezeigt, daß sich unter dem Chor der Kirche die Apsis eines spätantiken Gebäudes befand. Die in der Apsis eingebaute halbrunde Priesterbank mit einem erhöhten Platz deutet auf einen Sitz für den Bischof hin. Die Frage bleibt offen, ob hier ständig ein Bischof lebte oder ob der Bischof von Augsburg in der Zeit des römischen Rückzuges sich hier als „Flüchtling" aufgehalten hat. Man kann fast annehmen, daß er in den Wirren der Völkerwanderungszeit Augsburg verlassen hatte und hierher nach Teriolis sich zurückzog. So wäre auch zu verstehen, daß aufgrund der Bedeutung des römischen Verwaltungssitzes im Inntal und des vorübergehenden Aufenthalts eines Bischofs hier das ganze Land im Gebirge von Teriolis seinen Namen ableitet: Tirol.

Später, als die Bajuwaren im raschen Zug weiter aus dem Inntal nach Süden drängten, floh der Bischof und verlegte seinen Sitz auf den sicheren Felsen von Säben.

In unmittelbarer Nähe von Martinsbühel führte die von Augsburg kommende Via Claudia Augusta von Mittenwald, Scharnitz und Seefelder Sattel in das Inntal, aber dieser gebirgige Teil der Straße war zur Zeit der Besiedlung Tirols und Südtirols nicht der eigentliche Weg der bajuwarischen Einwanderung; denn im nördlich der Alpen gelegenen Gebiet um den Walchensee saßen noch die Walchen, also die Welschen, die in diesem Teil des Landes die Bajuwaren am freien Zugang nach dem Süden hinderten. Darüber hinaus war das gesamte nördliche Voralpenland von großen Wäldern bedeckt und schon deshalb konnten die Übergänge durch das Achental und über den Seefelder Sattel keine bedeutenden Einwanderungswege sein. Am Seefelder Sattel verbesserten sich zwar die Wegverhältnisse als im Jahre 763 n. Chr. das Kloster in der Scharnitz bei Mittenwald durch den baierischen Adeligen Reginpert gegründet worden war. Aber das Aufgeben dieses Klosters nach wenigen Jahren in dieser unwirtlichen von Wäldern bedeckten Gegend zeigt die geringe Bedeutung des Weges von Mittenwald über den Seefelder Sattel in das Inntal.

Östlich der hier beschriebenen römischen Straße führten nur kleinere Übergänge vom baierischen Stammland über die Voralpen in das Inntal. Dies sind die Wege, die auch heute noch begangen werden, vom Leitzachtal an die Thierseer Ache, von der Valepp entlang der Brandenberger Ache und der Weg die Isar aufwärts in das Inntal. Diese Übergänge hatten allerdings für die Besiedlung Tirols kaum Gewicht.

Ein bedeutender Ort am mittleren Inn war das Kloster Wilten bei Innsbruck. Diese große Stadt selbst war zur Zeit der bajuwarischen Besiedlung noch nicht gegründet und die Brücke über den Inn wurde kurze Zeit nach der Jahrtausendwende geschlagen. Da der Übergang über den Inn erst zu dieser Zeit gebaut wurde, führte die vom Brenner kommende römische Straße nicht auf Innsbruck zu, sondern von Matrei nach Hall im Osten und von Matrei über Kematen nach Zirl zum Seefelder Sattel nach Westen.

Der Name Wilten geht auf Veldidena zurück, das schon in der vorrömischen Zeit in der Nähe der Einmündung der reißenden Sill in den Inn vorhanden war. In römischer Zeit wurde zum Schutz der Straße ein Kastell gebaut und Münz- und Grabfunde zeigen uns die Jahre des Übergangs von römischer zu bajuwarischer Besiedlung.

Wagenspur an der Via Claudia Augusta

Wagenspur an der Via Claudia Augusta

Ansicht

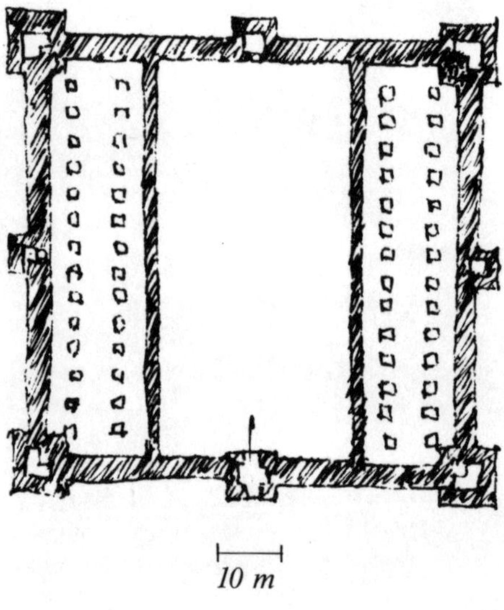

Grundriß

Kastell Veldidena – Wilten (Modell in Innsbruck)

Am besten erhellt diese Übergangszeit von Ureinwohnern zu Bajuwaren eine Sage aus jenen fernen Tagen:

Der rheinische Riese Heimon, der bereits christlich getauft war, drang im Inntal bis an die Einmündung der vom Brenner herunterströmenden Sill vor. Hier hauste seit urdenklichen Zeiten ein wilder Geselle namens Thyrsus, der in seiner Gestalt wohl auch die urtümlichen Naturgewalten versinnbildlichte. Er verteidigte sein Heimatland und seinen vorchristlichen Naturglauben an zahlreiche Götter. Heimon überraschte den schlafenden Thyrsus und wollte ihn mit einem Hieb seines Schwertes töten. Der aus seinem Schlaf aufgeschreckte Thyrsus riß in seiner Not einen Baum aus und versuchte sich zu verteidigen. Aber der mit „modernen" eisernen Waffen gerüstete Heimon stach ihn nieder. Thyrsus konnte zwar noch bis zum Seefelder Sattel fliehen, wurde aber dort von seinem Verfolger eingeholt und erschlagen.

Der christliche Riese Heimon bereute dann seine Tat und gründete in der Nähe das Kloster Wilten.

Wahrscheinlich ist ein Teil des Sinngehaltes dieser Sage der, daß die schon christianisierten Franken einige Zeit nach Chlodwig I. (481 bis 511 n. Chr.) ihren Herrschaftsbereich in die Alpentäler ausdehnten. Dies entspricht den geschichtlichen Tatsachen. Die germanischen Stämme waren zu jener Zeit schon mit eisernen Waffen ausgerüstet, während die einheimischen Stämme in den Alpen mit aus Bronze gefertigten Schwertern kämpften. So mußten sie den Eindringlingen unterliegen, sowohl den von Westen vordringenden Franken als auch den aus dem Inntal kommenden Bajuwaren.

Diese Einwanderer besiegten aber nicht nur die Einheimischen, sondern sie versuchten auch die Naturgewalten der Berge und der Flüsse zu bändigen, indem sie ihre Kultur- und Siedlungsarbeit im Laufe der Jahrhunderte in die unwirtlichen Bergregionen ausdehnten.

Ein wesentlicher Schwerpunkt dieser Arbeit war die Gründung eines Klosters, hier also des Klosters Wilten, von dem die weitere Christiansierung und Besiedlung ausging.

Der Weg von Wilten entlang des Inns nach Telfs und Imst war in der römischen und der frühen bajuwarischen Zeit nicht viel begangen und so war auch die Gegend nur dünn besiedelt. Es konnte sich dort die Sprache der romanisierten Urbevölkerung im mittleren und oberen Inntal noch lange Zeit erhalten. Ortsnamen wie Axams, Götzenz und ähnliche weisen sogar zurück auf die frühe Zeit der Urbevölkerung ehe diese romanisiert wurde.

Hier im Raum bei Imst und Landeck stoßen die bajuwarische Besiedlungswelle entlang des Inns und die der von Westen kommenden Alemannen aufeinander. Manches in der Aussprache und zahlreiche Wörter zeigen auch heute noch die beiden Sprach- und Stammesbereiche auf. Als ein Beispiel für diese „Trennungslinie" sei das alemannische Wort Fastnacht angegeben, das man östlich von Imst nur als baierischen Fasching kennt.

Vorsorglich sei hier schon darauf hingewiesen, um Irrtümer auszuschalten, daß in die meisten Täler der mittleren Alpen in der Zeit des raschen Volkswachstums, also im 11., 12. und 13. Jahrhundert, im Osten neue Schübe von baierischen und im Westen neue Schübe vom alemannischen Siedlern aus ihren Heimatländern nachzogen. An der sprachlichen Trennungslinie bei Imst und Landeck hat sich damit nichts wesentliches geändert, nur ist es oft schwierig, zwischen Erst- und Zweitbesiedlungszeit zu unterscheiden, diese Klärung wird oft den Sprachwissenschaftlern vorbehalten bleiben.

Bevor wir den Zug der bajuwarischen Besiedlung von Kloster Wilten aus über den Brenner nach Süden weiterverfolgen, wollen wir kurz den Vinschgau besuchen, der eine stark vom Alemannischen beeinflußte Landschaft zeigt.

VINSCHGAU

Der Vinschgau erhielt seinen Namen von dem keltisch-illyrischen Stamm der Venosten. Er hatte vor Christi Geburt diesen Gau an der Etsch besiedelt, der vom Reschenpaß bis zum Burggrafenamt bei Meran reicht.

Wie die anderen Stämme in Rätien hatten sich die Venosten aus der Urbevölkerung und den eindringenden Kelten gebildet. Sie wurden von den bis zum Donauraum vorstoßenden Römern besiegt und im Laufe der Jahrhunderte nahmen sie die lateinische Sprache und Kultur an.

Da die Kelto-Illyrer den gesamten mittleren Alpenraum besiedelten, soll hier über diese Urbevölkerung ein Wort gesagt werden.

Die Illyrer waren neben anderen Völkern nach einer großen Wanderbewegung in den Alpen zurückgeblieben. Um 550 v. Chr. begannen dann die Kelten ihre Wanderschaft aus ihrem ursprünglichen Siedlungsgebiet an der oberen Donau und dem Oberrhein. Sie kamen im Westen nach Gallien und im Osten nach Germanien und einige Stämme überquerten die Alpen und besetzten das dünn besiedelte Land in der oberitalienischen Ebene. Dieser Durchzug erfolgte im mittleren Bereich der Alpen, denn die westlichen Alpenpässe waren durch die Ligurer und die östlichen durch die Räter versperrt.

Cäsar war es, der in seiner knappen klassischen Sprache über die Gallier berichtet, die die westlichen Stämme der Kelten sind. Es ist fast dasselbe Bild, mit dem später die Germanen gezeichnet werden und umso verständlicher ist das Aufgehen der Kelten in den germanischen Stämmen.

Die keltische Sprache kam aus derselben indogermanischen Wurzel wie die der Germanen und der Illyrer.

Erstaunlich ist, daß es bei den sonst so dynamischen Kelten weder in Oberitalien noch in anderen Bereichen - mit Ausnahme von Norikum - zu einer Staatengründung kam. Aber das lag wohl an ihrer dem „Augenblick“ zugewandten Lebenseinstellung.

Die lange Zeit vorherrschende Ansicht, daß Tirol im wesentlichen von den Kelten freigeblieben sei - so spricht noch der Historiker Richard Heuberger für den Vinschgau, das Inn-und Eisacktal von einem Block des Illyrertums inmitten des von Kelten besiedelten Raumes - ist in jüngster Zeit durch überzeugende Ergebnisse der Forschung erschüttert worden. Bei ihrem Zug von Norden nach Süden durch den mittleren Alpenraum besiedelten sie auch allmählich diese Region:

Im Tiroler Inn- und Silltal saßen die Breuni, nördlich davon die Genaunes. Der Vinschgau war von den Venosten bewohnt, der Mittel- und Oberlauf des Eisacks von der Isarci und im Pustertal saßen die Saevates. Östlich davon lebten die Laianci mit Littamum bei Innichen als Mittelpunkt ihres Stammsitzes.

Die nicht befriedeten Kelten waren ein ständiger Unruheherd an der Nordgrenze des römischen Imperiums. So beschloß Kaiser Augustus einen Feldzug zur Befriedung des Alpenraumes, der im Jahre 15 v. Chr. von seinen beiden Stiefsöhnen Drusus und Tiberius durchgeführt wurde. Sie besetzten in einer groß angelegten Zangenbewegung über den Brenner und das Oberrheintal etwa das Gebiet des heutigen Tirols und Süddeutschlands. So entstand neben dem friedlich eingegliederten Norikum östlich des Eisacks nun westlich davon die

Provinz Rätien. Zur Unterscheidung von Raetia Prima - Churätien mit der Hauptstadt Chur am Oberrhein - erhielt die Provinz zwischen Alpen und Donau den Namen Raetia Secunda. Dies war das zweite Rätien mit der Hauptstadt Augusta Vindelicorum, dem heutigen Augsburg.

Nach der Eroberung des Tales der Venosten, des Vinschgaus, durch die Römer wurde die durch das Etschtal führende Via Claudia Augusta gebaut. Entlang dieser Straße wurde die Bevölkerung rasch romanisiert und die römischen Orte wurden nach strategischen Gesichtspunkten meist in der Nähe der keltischen Orte gegründet.

In den Seitentälern des Vinschgaus blieb bis weit in die römische Kaiserzeit die rauhe Sprache der Urbevölkerung erhalten, die heute noch in Ortsnamen wie Laatsch, Tartsch, Matsch und Partschins erklingt.

Die Tallandschaft wird unterteilt in das Vinschgauer Oberland am Reschen, den mittleren Vinschgau von Mals bis Laas und den unteren Vinschgau, der sich bis zum Burggrafenamt bei Meran erstreckt. Die Grenze dort war von alters her die Töll, ein kleiner Bach, der in die Etsch nördlich von Meran einmündet.

Der Hauptort für den Vinschgau war zur Zeit der römischen Besetzung und der darauffolgenden Christianisierung die Stadt Chur, die als Bindeglied zwischen den drei zusammenhängenden Flußlandschaften des oberen Rheins, des Inns und der Etsch liegt. Die Untersuchungen der Sprachforscher zeigen deutlich, daß die alemannisch-schwäbischen Beeinflussungen in der Sprache des Vinschgaus, wie auch des oberen Inn- und Rheintals, bei weitem überwiegen, daß also die Besiedlung vom alemannischen Raum her erfolgte.

Die Franken haben die Alemannen, die ursprünglich am Main und zu beiden Seiten des Oberrheins saßen, im Laufe der Völkerwanderungszeit mehrmals geschlagen und in das Gebiet des heutigen Elsaß und der Ostschweiz abgedrängt. Diese suchten daher bei dem mächtigen Ostgotenkönig Theoderich Schutz gegen die Franken und baten um Aufnahme in sein Reich. Theoderich nutzte diese Gelegenheit, um die Alemannen am Oberrhein und in den südlich davon gelegenen Gebirgstälern bis hin zum Vinschgau als Schutzwall gegen die nachdrängenden Franken anzusiedeln.

Mit staatspolitischem Weitblick versuchte Theodrich seinen Herrschaftsbereich in Oberitalien gegen Übergriffe aus dem Norden abzuschirmen, indem er seine Einflußsphäre durch Bündnisverträge von Burgund über Jura, Hochrhein, Vinschgau und mittleren Alpenraum ausbaute. Sogar der Donauraum gehörte zum äußeren Einflußbereich Theoderichs des Großen. Aus Urkunden ist bekannt, daß er einige Male im Vinschgau weilte, vor allem um Churrätien gegen den immer mächtiger werdenden Druck der Franken abzuschirmen.

Theoderich starb im Jahre 526 n. Chr. und bald darauf zerbrach das Reich der Ostgoten. Die Franken drängten nun vom oberen Rheintal über die damals schon bekannten Bündner Pässe in das obere Inntal und über den Ofenpaß in den Vinschgau. Das weitere Eindringen über die Alpen in das ersehnte Oberitalien war nur noch eine Frage der Zeit.

Der müheloseste Übergang in den Zentralalpen von Norden nach Süden war der Reschenpaß. Nur an der höchsten Stelle führte ein kurzer schwieriger Paßübergang in das wieder gut zu begehende Etschtal. Das Wort „Resch“ bedeutet noch heute im Süddeutschen soviel wie hart und herb und deutet auf die Schwierigkeiten dieser kurzen Wegstrecke hin.

Für die Franken war die Via Claudia Augusta über den Reschen nur der Durchgangsweg nach Süden. So konnte gerade im oberen Vinschgau die rätische Bevölkerung ihre uralten Siedlungen weiter bewohnen und ihre Lebensweise beibehalten.

Muntaplair, das bis vor wenigen Jahrzehnten romanisch noch so genannt und in den Karten so verzeichnet wurde, ist ein Beweis für das lange Vorherrschen des Lateinischen im oberen Vinschgau. Die Ansiedlung wurde erst vor kurzem in „Dörfl" umbenannt.

Der kleine Ort zeigt das für die keltischen Haufendörfer typische gedrängte Zusammenstehen der Häuser. Erst viel später, als die Alemannen den Vinschgau besiedelten, entstanden im Tal die Einzelhöfe, denn die Alemannen waren, wie die Bajuwaren, eher gewohnt, in Einzelhöfen zu wohnen.

Ein Erlebnis ist es, von Dörfl-Muntaplair zu Fuß über die Malser Haide nach Süden entlang der alten römischen Straße zu wandern, das sich immer mehr und mehr ausweitende Etschtal vor Augen.

Schon nach wenigen Kilometern erreicht man Mals, den Hauptort des oberen Vinschgaus. Mals war eine wichtige Straßenstation an der Via Claudia Augusta, dort haben Römer und Germanen vor dem Übergang über den Reschen gerastet und Soldaten, Roß und Reiter noch einmal Kraft gesammelt. Mals war aber auch wichtig für die in der Völkerwanderungszeit durch den Vinschgau ziehenden Völker, wer Mals besaß beherrschte den oberen Vinschgau.

In Mals ist neben vielen anderen Gebäuden die Kirche St. Benedikt besonders sehenswert. Der karolingische Bilderschmuck an der Altarwand zeigt neben Christus als Weltenrichter die beiden Kirchenstifter, einen Laien und einen Priester. Der Laie ist, wie an der Kleidung erkennbar, ohne Zweifel ein fränkischer Adeliger, der in diesem Raum die weltliche Macht zu vertreten hatte. Nach dem Zusammenbruch des römischen Weltreiches und der ostgotischen Oberhoheit herrschten in diesem Alpenraum chaotische Zustände. Erst die Frankenkönige im 6. und 7. Jahrhundert griffen energisch ein und versuchten diesen Raum zu befrieden. Nachdem die Alemannen von den Franken unterworfen worden waren, kam es nun im Vinschgau zwischen Franken und Langobarden, die aus dem Süden bis über Meran hinaus vorgedrungen waren, zu mehreren Auseinandersetzungen.

Neben der weltlichen Macht hatte auch die Kirche ihren Teil zur Befriedung und Kolonisation des Vinschgaus geleistet.

Als Zeichen dieser gemeinsamen Arbeit steht neben dem fränkischen Adeligen in der Malser St. Benediktskirche ein Geistlicher. Die fränkischen Herrscher kannten die verbindende Kraft der Kirche, das von Norden her über den Reschen bis in den Vinschgau reichende Bistum Chur wurde deshalb der fränkischen Reichskirche eingegliedert und so dem Frankenreich verbunden.

Ein weiterer kirchlicher und weltlicher Stützpunkt der Franken an der Straße vom Engadin über den Ofenpaß in den Vinschgau war das Kloster Mustair. Das Wort wird fast immer falsch „Müstär“ ausgesprochen, das ai ist zu trennen in a und i, heißt also rätoromanisch Mustair. Das Kloster diente neben seinen kirchlichen und kulturellen Aufgaben als Stützpunkt am Wege vom Inn- in das Etschtal. Diese Straße wurde von den Franken im 6., 7. und 8. Jahrhundert oft begangen, denn sie war für sie die kürzeste vom Rheintal über die Bündner Pässe nach Italien.

Muntaplaïr am Reschen

Malser Haide mit Ortler

St. Benedikt in Mals

St. Benedikt: Fränkischer Stifter

Im Innern der Klosterkirche symbolisiert die kraftvolle Stifterfigur Karls des Großen die Ausstrahlung der fränkischen Schutzmacht auf Klosterbereich und Umgebung. Die Figur Karls des Großen und die Fresken entstanden um 800 n. Chr., also wahrscheinlich noch zu Lebzeiten des Frankenkönigs. Die in letzter Zeit durchgeführten Ausgrabungen haben bewiesen, daß das Kloster schon einige Jahrzehnte früher gegründet worden war.

Unser Weg führt vom Kloster Mustair zurück in den Vinschgau über Taufers im Münstertal und das herrliche mittelalterliche Städtchen Glurns. Die beiden kleinen Städte - ebenso wie das nördlich davon gelegene Burgeis und das Kloster Marienberg - datieren nicht aus der Zeit der fränkischen Eroberung, sondern sind in einer späteren Besiedlungswelle gegründet worden.

Der mittlere Vinschgau erstreckt sich von Mals bis Laas. Er war ebenso wie der obere Vinschgau zu Ende der Völkerwanderungszeit von den Alemannen bereits besiedelt.

Eine zweite viel später nachdrängende alemannische Besiedlungswelle kam im 11., 12. und 13. Jahrhundert in diesen Teil des Tales. Damals haben die schwäbischen Klöster, allen voran Ottobeuren, die Siedler ausgesandt, die Marienberg und die daneben gelegenen Orte ins Leben gerufen haben.

Das wunderschön gelegene Kloster Marienberg im obern Vinschgau strahlte im Mittelalter geistige und geistliche Kraft in diesen Teil des Südtiroler Landes aus. Die weltliche Macht residierte in der nahe gelegenen Fürstenburg, in der die Hauptleute der Churer Bischöfe residierten und ihren ordnenden Einfluß ausübten.

Bevor wir unseren Weg im mittleren Vinschgau fortsetzen, werfen wir nochmal einen Blick zurück nach Mals und dem südlich davon gelegenen Tartscher Bühel. Es lohnt sich einen kurzen Abstecher auf diesen Berg zu tun und die wenigen Schritte zur St. Veitskirche zu gehen. Es bietet sich ein herrlicher Rundblick vom westlich gelegenen Kloster Mustair, nach Süden in den Vinschgau bis hin zu den Ötztaler Bergen im Osten.

Die Tartschner Bergkuppe ist eine Urzeitstätte und auf ihr wurde die älteste rätische Inschrift auf einem Hirschhorn gefunden, die uns einen Vinschgauer Bewohner mit seinem Namen nennt: „Riviselchu". Hier hört man deutlich rauhe rätische Ursprache.

Südlich von Mals zweigt bei Prad die bekannte Paßstraße zum Stilfser Joch ab. Diese Straße liegt an einem Urweg, der schon vor der Eroberung des Landes durch die Römer bestand. Die rätische Urbevölkerung der Venosten zog sich hier auf die Berge zurück und konnte jahrhundertelang ihr eigenständiges Volksleben ungestört fortsetzen.

Auch später wurde dieser Urweg, der über Gomagoi, Trafoi zum Umbrail Paß und dort über Bormio in das südlich gelegene Veltlin führt häufig begangen, denn er führte rasch aus dem Norden in das kirchliche und weltliche Zentrum Mailand. Es ist auch zu vermuten, daß er von kleineren fränkischen Heerhaufen zu überraschenden Überfällen in den Vinschgau oder die Mailänder Ebene begangen wurde.

Bei Eyrs zeigt sich zum ersten Mal die Einflußnahme der Bajuwaren im Vinschgau, aber wir können feststellen, daß es sich nicht um die Zeit der Erstbesiedlung handelt. Der um das Jahr 1000 hier überlieferte Freisinger Kirchenbesitz wurde später an ein baierisches Grafengeschlecht weitergegeben.

Der Untervinschgau beginnt bei Laas, zieht sich über Schlanders, Latsch und Kastelbell bis Naturns an der Schwelle zum Burggrafenamt. Der Grenzort zwischen dem nördlichen, von den Alemannen besiedelten Vinschgau, und dem südlichen, von den Bajuwaren eroberten Tal, ist Naturns.

Aber auch die aus dem Südwesten vordringenden Langobarden kamen auf einige Zeit bis hierher. Man kann dies neben manchen anderen aus dem Patrozinium des heiligen Prokulus in Naturns rückschließen, der der Stadtheilige Veronas war, dem Zentrum eines langobardischen Herzogtums.

Der heilige Prokulus mußte - Legende oder Wahrheit sei dahingestellt - vor heidnischen Verfolgern aus Verona über die Stadtmauer fliehen. Diese Geschichte ist in einer großartigen Darstellung an der Innenwand der Kirche erzählt. Man sieht dort wie der Heilige über die Stadtmauer mit Stricken nach draußen herabgelassen wird. Diese ältesten Fresken in der Prokulus-Kirche sind wahrscheinlich vor 800 n. Chr. entstanden und zeigen keine Beeinflussung durch fränkische Künstler - wie wir sie z. B. in Mustair gesehen haben - oder durch Künstler aus dem oberitalienischen Raum. Sie standen unter dem Einfluß der Buchmalerei, wie sie im oberbaierischen Voralpenland vom Bodensee bis nach Salzburg hin zuhause war. Naturns liegt also somit im Einflußbereich des süddeutschen Raums, aber schon an einer Nahtstelle der kulturellen Einflüsse verschiedener Völker. Dies macht die Kirche an diesem Ort für den Historiker so interessant.

Die Grenze zwischen dem unteren Vinschgau und dem Burggrafenamt mit seiner Hauptstadt Meran bildet die Töll. Sie kommt aus dem Gebirgsstock der Texelgruppe und mündet bei dem Ort Töll in die Etsch. Interessanterweise ist hier nicht

Hl. Prokulus in Naturns

nur der Übergang vom Burggrafenamt in den Vinschgau, sondern hier lag auch zur Zeit der Römer die Grenze zwischen dem römischen Mutterland und Rätien. Der Verlauf der berühmten Via Claudia Augusta konnte hier festgestellt werden und Inschriften auf gefundenen Meilensteinen ließen die genaue Grenzfestlegung zu. Hier zeigt sich wieder einmal, sicher auch bedingt durch landschaftliche Gegebenheiten, Kontinuität in der Festlegung der Grenzen, denn hier bildete sich später die Trennungslinie zwischen dem alemannischen Vinschgau und dem von den Bajuwaren eroberten und besiedelten Burggrafenamt heraus.

MERAN UND BURGGRAFENAMT

Zur Zeit der Römer wurde der Talkessel, in dessen Mitte Meran liegt, als „Maia“ bezeichnet. Die Ortsnamenskunde beweist, daß das Wort Meran aus der Sprache der vorrömischen Kelto-Illyrer kam und damals die Gegend „Mara“ hieß. Die Römer übernahmen dieses Wort für ihr römisches Militärlager „Castrum Maiense“ und für die zum Lager gehörende Ansiedlung, die in unmittelbarer Nähe am rechten und linken Ufer der Passer lag. Die Bezeichnung wurde von den nachfolgenden germanischen Stämmen übernommen, zuerst wurde die Gegend „Mara“ genannt und zu „Mure“ weitergeformt, die anschaulich die Geländeform einer Schotterfläche beschreibt. Später heißt es dann in den Urkunden „an der Mairan“, daraus entsteht allmählich der Name des Ortes Meran.

Die Bildung des Burggrafenamtes ist darauf zurückzuführen, daß im Talbecken von Meran drei Grafschaften aneinander stießen: Vinschgau, Bozen und Eppan. Die Grafen von Tirol erwiesen sich nach zahlreichen Kämpfen als die stärksten unter den Adelsgeschlechtern und so konnte in der Mitte des 13. Jahrhunderts aus Teilen der drei Grafschaften das Burggrafenamt entstehen. Es reichte die Etsch aufwärts bis an die Grenze des Vinschgaus bei Naturns, die Etsch abwärts bis Burgstall und Niederlana, an der Passer von Unter- und Obermais bis Riffian und Hafling. Westlich der Etsch rundete sich die Grafschaft mit Tisens und dem dazugehörigen Mittelgebirge ab.

Das Castrum Maiense lag in der Mitte dieses Landes auf dem Zenoberg, dort wo heute die Zenoburg steht. Zur Zeit der Römer sah die Landschaft anders aus als heute, vor allem hatte sich damals die Passer noch nicht so tief eingegraben. Am östlichen Passerufer gegenüber dem Zenoberg lag die Ortschaft „Punts" und dieses lateinische Wort für Brücke ist ein sicherer Hinweis darauf, daß hier Jahrhunderte lang eine Brücke über die Passer führte. Die Reste eines römisch-frühmittelalterlichen Turms und einer Mauer auf dem Zenoberg zeigen deutlich die Lage des Kastells, in dem nur wenige römische Zollbeamte mit einer kleinen Besatzung untergebracht waren.

Das Castrum Maiense hat später, als die römische Staatsgrenze zur Zeit des Kaisers Augustus bis an die Donau vorgeschoben wurde, einiges an Bedeutung verloren. Als aber die Einfälle der Alemannen im 3. Jahrhundert nach Christus immer weiter um sich griffen, zog sich die römische Besatzung aus dem Gebiet nördlich der Alpen zurück und das Castrum Maiense war wieder ein wichtiger Stützpunkt. Nun wurde – wie schon an anderen Orten aufgezeigt – das Kastell in der Zeit der Kriegswirren zu einer Fluchtburg für die Landbewohner und zu einem Stützpunkt der römischen Soldaten, die die Brücke an der Hauptstraße vom Reschen nach Verona sicherten.

Wie wir aus dem 5. Jahrhundert einen genauen Bericht über die Zeiten in Norikum und Rätien durch die Heiligenlegende Severins haben, so kennen wir aus dem 8. Jahrhundert die Vita Korbinians, aus der wir viele Rückschlüsse ziehen können.

Arbeo, der Verfasser dieser Heiligenlegende, lebte lange Zeit in Meran und schrieb später als Bischof von Freising die Geschichte des heiligen Korbinian nieder.

Arbeo stammte aus dem Geschlecht der Huosi, das in der Lex Baiovariorum zu den fünf großen Adelsgeschlechtern gezählt wurde. Er war ein Adeliger hohen Standes, denn nur so konnte er zur damaligen Zeit, neben seinen zweifellos vorhandenen Verdiensten, Bischof werden. Die Jugendjahre hatte Arbeo in Obermais verbracht, wo sein Vater die bajuwarische Besatzung der Burg befehligte und aus der von ihm geschriebenen Heiligengeschichte wissen wir, daß er als kleiner Junge bei der Überführung des in Freising gestorbenen Korbinian nach Meran im Jahre 730 n. Chr. zugegen war.

Nach den Jugendjahren auf dem Zenoberg zog der junge Arbeo auf die hohe Schule in Pavia, eine der Hauptstädte des langobardischen Königreiches, um dort neben anderen Fächern Latein zu lernen, die Sprache der Kirchenleute und der Gebildeten. Schon dieser Weg des jungen baierischen Adeligen nach Pavia zeigt, wie gutnachbarlich die Beziehungen der Bajuwaren und Langobarden im Etschtaler Grenzgebiet waren. Er empfand es als „Meraner“ selbstverständlich, an die langobardische Schule nach Pavia zu gehen.

Um 740 n. Chr. kam der junge Arbeo nach Freising und wurde dort zum Priester erzogen und geweiht. Einige Zeit danach ist er Mitbegründer des Klosters in der Scharnitz bei Mittenwald im Jahre 764 n. Chr., er wird als junger Priester öfter den beschwerlichen Weg zwischen seinem Geburtsort Meran und Freising gewandert sein und die Wichtigkeit des klösterlichen Stützpunktes bei Mittenwald erlebt haben. Kurze Zeit nach der Gründung des Klosters Scharnitz im Gebirge, das vor wenigen Jahren mit seinen Fundamenten wieder ausgegraben wurde, wird er zum Bischof in Freising berufen und hat die Beziehungen zwischen Obermais und Freising noch enger geknüpft.

Arbeo war also zur Regierungszeit Herzog Tassilo III. als dritter Nachfolger nach Korbinian auf dem Bischofsstuhl in Freising und zwar

> *„nicht durch eigenes Verdienst, sondern durch Gottes Vorsehung."*

Schon zu Beginn seines Freisinger Wirkens schrieb er auf Anregung seines bischöflichen Amtsbruders Virgil aus Salzburg (755 - 784 n. Chr.) die Heiligenlegenden über das Leben Korbinians und Emmerams. Korbinian ist in der Zeit der Besiedlung Tirols und Südtirols durch die Bajuwaren eine der interessantesten aber auch aufschlußreichsten Persönlichkeiten.

Er wurde im Norden des Frankenreiches geboren und zog als junger Priester von dort über Schwaben nach Baiern. Er hatte die Absicht so wie der Heilige Emmeram, der einige Zeit vor ihm lebte, in den östlichen baierischen Grenzgebieten an der Enns zu missionieren. Dazu holte er sich auf einer ersten Reise nach Rom Zustimmung und Segen des Papstes und begab sich dann an den baierischen Herzogshof in Regensburg.

Der bajuwarische Herzog Theodo II. warnte ihn vor den Gefahren der Missionsarbeit an der damaligen Grenze seines Machtbereiches an der Enns und sandte ihn an den Hof seines Sohnes Grimoald nach Freising. Arbeo berichtet uns, daß der Herzog Grimoald mit der Frau seines verstorbenen Bruders verheiratet war, die

> *„so schön war, am Maßstab unseres vergänglichen Fleisches gemessen."*

Korbinian wollte, so schreibt Arbeo weiter, den Herzog so lange nicht sehen, bis er sich von seiner Frau getrennt hätte, denn er lebte nach bajuwarischem und kirchlichem Recht in ungesetzlicher Verbindung.

In dieser Zeit der Auseinandersetzung zwischen Herzog und Bischof lebte Korbinian gefährlich. Die „ungesetzlich verheiratete“ Herzogin Piltrud wollte ihn sicher aus seiner mächtigen Position verdrängen, wenn nicht sogar töten. Korbinian erfuhr von diesen Machenschaften und floh über Nacht nach Mais bei Meran.

Der Aufenthalt des Bischofs in der Nähe seines Geburtsortes dürfte in den Jahren 725 - 728 n. Chr. liegen. Eine Legende schildert so trefflich die Gefährlichkeit einer Reise über die Alpen im 8. Jahrhundert, sie ist hier als Bericht in der Darstellung von A. Forsteneicher wiedergegeben:

> *„Zur Zeit, als der heilige Korbinian in unserem Baiernlande die christliche Lehre ausbreitete, sah es da noch nicht gar einladend aus. Große Wälder und Sümpfe und undurchdringliches Gestrüpp deckten einen Teil des Bodens. Der Auerochs stampfte die Büsche nieder, der Eber wühlte Löcher am Fuße hundertjähriger Eichen, und Wolf und Bär machten ihre unheimlichen Rundgänge.*
>
> *Da war eine Reise nach Rom noch ein gefährliches Unternehmen. Aber der heilige Korbinian kannte keine Furcht; voller Gottvertrauen trat er die Wanderschaft nach jener Stadt an.*

Einmal hielt er in einer wilden Gebirgsgegend Nachtherberge. Er schlief mit seinen Begleitern, und rings war alles still. Da brach aus einem Verstecke ein zottiger Bär hervor und stürzte sich auf das Pferd des Heiligen. Das Todesgestöhn weckte die Gefährten, und als sie sich umsehen, finden sie Korbinians Saumroß zerrissen unter den Tatzen des grimmigen Tieres. Erschrocken klagten sie dem Gottesmanne, was geschehen war. Aber ruhig sprach er zu Anserich, einem seiner Reisegenossen: ‚Nimm diese Geißel, gehe hin und züchtige den Brummer wacker für den zugefügten Schaden.' Dieser zögerte, da wiederholte Korbinian: ‚Gehe und fürchte nichts. Hast Du den Bären gestraft, dann lege ihm den Sattel, den das Pferd getragen, auf den Rücken und halte ihn bereit zur Weiterreise.' Anserich faßte Mut, züchtigte den Bären und siehe! der blutdürstige Geselle nimmt die Schläge und den Sattel geduldig auf sich und versieht die Dienste des Pferdes auf der ganzen Reise.“

Diese anschauliche Schilderung einer Wanderung durch das Gebirge zeigt, daß die Sicherheit für die Reisenden sich seit den Friedenszeiten der römischen Kaiser sehr verschlechtert hatte. Die Straßen verfielen von Jahrzehnt zu Jahrzehnt immer mehr. Nicht der mächtige Staat, sondern nur die kleinen Talgemeinschaften sorgten für einen einigermaßen passierbaren Zustand der Wege und Brücken.

Korbinian blieb nach seiner Flucht aus Freising einige Jahre im Castrum Maiense bis sich die politischen Verhältnisse am baierischen Herzogshof wieder normalisiert hatten.

Arbeo, der Schreiber der Heiligengeschichte, geht auf Korbinians Missionstätigkeit in Südtirol sehr ausführlich ein. Er schreibt von der Erbauung eines Wohnhauses mit einem Gebetshaus, das er in Obermais errichtet hat. Ebenso erzählt er, daß ihm die Verwaltung des dortigen Kirchenvermögens übertragen wurde mit der Verpflichtung, die Erhaltung der Kirche und die Kosten der Gottesdienste zu übernehmen. Aber neben den kirchlichen Dingen hat sich Korbinian besonders um die kulturellen Belange gekümmert, um die Anlage von Weingütern und Gärten und um die Anpflanzung von Obstbäumen. Dies geschah nicht nur in und um Obermais, auch andere Orte, wie Kuens an der Passer aufwärts, werden ausdrücklich genannt.

Eine wesentliche Leistung der Klöster und Kirchen, der Bischöfe und Äbte des frühen Mittelalters war die Rodung, die Anpflanzung und die Kultivierung des Bodens. Diese Grundherrschaften der Kirchen waren wohlorganisierte Gemeinschaften der arbeitenden Bauern und Ansiedler, die über Jahre hinweg gemeinsame Rodungs- und Pflanzarbeiten durchführten. Entscheidend dafür war die positive Einstellung der Kirchenmänner wie hier des heiligen Korbinians und der um ihn versammelten Mönche. Die antike Einstellung, daß nur Sklaven für die Feldarbeit einzusetzen seien, wurde gänzlich überwunden. Es gilt in diesen klösterlichen Gemeinschaften und den dazugehörenden Lebenskreis der Landbewohner das Apostelwort:

„Wer nicht arbeitet, soll auch nicht essen."

Hier in der Gegend an Etsch und Passer setzte das Christentum unter Korbinian eine ungeheuere Arbeitsenergie frei, die aus der Landschaft in wenigen Jahrzehnten eine Kulturlandschaft schuf, die bis heute erhalten blieb.

Während der Zeit seines Aufenthalts in Meran hatten die Franken die politischen Verhältnisse im alemannischen und bajuwarischen Alpenvorland wieder geordnet. Karl Martell war ins Feld gegen die Bajuwaren gezogen und in diesen Kämpfen wird Herzog Grimoald gefallen sein.

Seine Ehefrau Piltrud, die vormals als Herzogin in Freising nach dem Leben des Bischofs Korbinian getrachtet hatte, wurde von Karl Martell ins Frankenland mitgenommen und starb einige Zeit danach in großer Armut.

Der Nachfolger Grimoalds auf dem baierischen Herzogsthron war Hucpert. Er holte alsbald Korbinian in großen Ehren aus Obermais nach Freising zurück. Der Bischof ließ einige seiner Gefährten im Etschland zurück, die seine Arbeit auf kirchlichem Gebiet und der Kultivierung der Landschaft fortsetzten. Er ließ einige ihm lieb gewordene Gegenstände des täglichen Lebens in seinem Haus dort zurück, das zeigt deutlich seine Hoffnung auf eine baldige Rückkehr in die ihm lieb gewordene Heimat in Obermais.

Korbinian wirkte noch einige Zeit in Baiern und war der große Organisator der neuen Diözese Freising. Aber schon zwei Jahre nach seiner Rückkehr aus Obermais fühlte Korbinian sein Ende nahen. Er sandte seinen leiblichen Bruder nach Oberitalien zum Langobardenkönig Luitprant mit der Bitte, daß er neben dem seligen Valentin, dem Landesheiligen Südtirols, im Castrum Maiense in der Zenokirche begraben werden dürfe. Es war also damals um 730 n. Chr. die Zenoburg wieder im Besitz der Langobarden. Vermutlich war der Landsitz um Meran der bajuwarischen Prinzessin Guntrud als Hochzeitsgabe mitgegeben worden, als sie den Langobardenkönig Luitprant heiratete.

Zenoberg bei Meran

Der Leichnam Korbinians ruhte von 730 bis etwa 768 n. Chr. neben dem heiligen Valentin. In dieser Zeit wurde die Burg an die Bajuwaren zurückgegeben. Es muß dies um 764 n. Chr. gewesen sein, in der Regierungszeit Tassilo III., als dieser Langobardenprinzessin Luitbirg heiratete. Von nun an blieb das Land Meran bajuwarisch.

Aber nicht nur an den langobardischen Herrscher wandte sich Korbinian, sondern auch an seinen Herzog Hucpert mit der Bitte, er möge seinen Leichnam nach Obermais überführen lassen. Der Herzog löste sein früher gegebenes Versprechen ein und ließ den Leib des Heiligen den Inn aufwärts und über den Reschenpaß nach Südtirol überführen. Dort ergaben sich aber Schwierigkeiten. Die langobardische Besatzung des Kastells vermutete bei den baierischen Begleitpersonen des Leichenzugs versteckte Waffen und ließ diese nicht in die Zenoburg eintreten. Erst als Boten aus der Hauptstadt Pavia eintrafen und die Zustimmung des langobardischen Königs zur Grabbeisetzung überbrachten, wurde der Leichnam Korbinians mit seinen Begleitern in die Burg eingelassen.

Der bekannte bajuwarische Schriftsteller Arbeo schilderte uns die Beisetzung des Bischofs neben dem von ihm so verehrten heiligen Valentin. Er erzählte auch sein eigenes Jugenderlebnis, als er während der Bestattung über den Burgfelsen in die Passerschlucht hinunterstürzte und wie durch ein Wunder im stacheligen Gestrüpp hängen blieb. In der Morgendämmerung sahen ihn die ersten Kirchenbesucher dort oben hängen in seiner verzweifelten Lage und zogen ihn mit Seilen auf den sicheren Boden hinter die Mauern der Zenoburg.

Die Macht der verbündeten Langobarden begann allmählich zu schwinden. Das fränkische Herrscherhaus unter Karl Martell war zwar den Langobarden noch freundschaftlich verbunden unter Karl Martell und seinem Sohn Pippin (741 - 768 n. Chr.), denn sie hatten in zahlreichen Kriegszügen gemeinsam mit den fränkischen Adeligen und Kriegern die im südlichen Frankreich anstürmenden Araber abgewehrt.

Am Beginn seiner Amtszeit als Hausmeier verdrängte Pippin die schwachen Merowinger von ihrem Königsthron und sein Vorgehen wurde von den Päpsten sanktioniert. Aber dann forderten die Päpste Stephan II. und Paul I. als Gegenleistung die Hilfe des fränkischen Königs gegen die nach Rom vordringenden Langobarden.

Karl der Große (768 - 814 n. Chr.) war der Sohn Pippins. Er suchte die politischen Verhältnisse in Oberitalien zu klären und dort die Oberherrschaft auszuüben, nachdem sein Vater zu zögernd gegen seine früheren langobardischen Waffengefährten vorgegangen war. Karl zog in den Jahren 773 und 774 n. Chr. gegen die Langobarden zu Felde und besiegte sie entscheidend. König Desiderius und seine Familie verschwanden hinter Klostermauern, denn so wurden in der damaligen Zeit von den Siegern die Probleme der Thronnachfolge geregelt. Karl der Große setzte sich die eiserne Königskrone der Langobarden auf das Haupt, war aber klug genug, die Zügel der Herrschaft nur allmählich straffer anzuziehen. Zunächst ließ er die langobardischen Herzöge in Oberitalien regieren - sie waren von jeher untereinander zerstritten - aber allmählich übernahmen seine fränkischen Vasallen die Herrschaft.

Nach dem Jahre 774 n. Chr. stand der Baiernherzog Tassilo III. im Etschland allein gegen die Franken. Die Bajuwaren nützten die Gelegenheit des Machtwechsels von Langobarden zu Franken und besetzten im westlichen Etschland das Gebiet von Sirmian, Prissian, Tisens bis zum Ultental. Das Ultental wird wohl das nördlichste von den Langobarden besetzte Tal gewesen sein, denn „ultima d. i. das letzte“ Tal deutet darauf hin. Der Übergang dieses Gebietes unter bajuwarische Herrschaft war umso leichter möglich, als die schon immer in der Minderheit gegenüber der einheimischen Bevölkerung lebenden Langobarden nur wenige Orte besetzt gehalten hatten. Das Land um Meran war schon einige Jahre vorher endgültig bajuwarisch geworden.

Auch der Sturz Tassilos durch Kaiser Karl d. Gr. änderte nichts an der bajuwarischen Herrschaft im Burggrafenamt. Es wurde zwar das fränkische Verwaltungssystem eingeführt, aber überall im Lande war die gewachsene, aus der Zeit der bajuwarischen Besiedlung stammende, Grafschaft zu spüren.

Die Adelsgeschlechter, die wie z. B. die Andechser aus dem baierischen Voralpenland kamen, herrschten in den gewachsenen Talgemeinschaften und Gauen Südtirols. Eine wesentliche Änderung in der Herrschaft ergab sich erst um die Jahrtausendwende, als die geistlichen Fürstentümer Trient und Brixen errichtet wurden.

PUSTERTAL

Das Pustertal erstreckt sich vom westlich gelegenen Eisacktal bis zur Hofmark Innichen, die die Wasserscheide zwischen Rienz und Drau bildet. Auf dem nahegelegenen Toblacher Feld entspringt die Drau, die an Innichen vorbei zur heutigen österreichischen Landesgrenze führt und über die Donau in das Schwarze Meer mündet. Die Rienz, die als Hauptfluß das gesamte Pustertal durchfließt, entspringt im Höhlensteintal südlich von Toblach, vereinigt sich in Brixen mit dem Eisack und zieht von dort über die Etsch zum Mittelmeer.

Das Oberpustertal erstreckt sich von Westen nach Osten von Olang bis über die schon genannte Wasserscheide bei Innichen, der Kristeinbach in der Nähe von Lienz bildet das Talende.

Das Unterpustertal reicht von Mühlbach, wo sich die Rienz durch die Klause zwängt und in das weite Eisacktal hinausfließt, bis nach St. Lorenzen. Zwischen Unter- und Oberpustertal liegt das Brunecker Becken.

Der Raum des Oberpustertales erstreckt sich aber nicht nur bis zur heutigen Südtiroler Landesgrenze bei Winnebach, sondern die Grenze unserer Betrachtung erstreckt sich nach Osten bis Lienz, dem römischen Aguntum.

Für den Namen des Pustertales gibt es mehrere Deutungen. Zum ersten wird der Ausdruck vom slawischen „pustu“ abgeleitet, was soviel wie „öde“ bedeutet. Dies weist auf die durch die Slawenkriege verursachten Brandschatzungen und Verheerungen hin. Zum zweiten ist aber die Erklärung des bedeutenden Sprachwissenschaftlers K. Finsterwalder einleuchtender, der die Talbezeichnung auf einen Personennamen Busturus zurückführt, einen Keltenfürsten, der dem in den ältesten Quellen genannten Gau Pustrissa seinen Namen gab.

In der Zeit der Kelten, die auf ihrem raschen Vorstoß nach Südosten die hier schon vorher ansässigen Illyrer mit einer dünnen Oberschicht überlagerten, hatte sich ein Königreich Norikum aus dreizehn keltischen Stämmen gebildet. Die Hauptstadt dieses Reiches lag für lange Zeit am Magdalensberg bei Klagenfurt. Der Reichtum dieses Gebirgslandes kam – neben anderen Schätzen – aus den ergiebigen Kupfer- und Eisenvorkommen. Die Römer, die mit ihrem großen Bedarf an Waffen besonders an diesen Bodenschätzen interessiert waren, banden deshalb das keltische Königreich Norikum mit Verträgen an ihr Imperium. Die Römer übernahmen die Urwege aus der Bronzezeit und bauten sie als Hauptverkehrslinien weiter aus. Unter Kaiser Claudius, dem Stiefsohn des Augustus, (27 vor, bis 14 n. Chr.), wurde die Via Claudia Augusta im Alpenraum vollendet. Eine Straße führte von Altinum, in der Nähe des heutigen Venedig gelegen, über den Plöckenpaß und den Gailbergsattel nach Agunt und von dort die Drau und Rienz entlang vom Puster- in das Eisacktal. Als Nebenstraßen der Via Claudia waren zur Römerzeit sowohl der Weg über die Felbertauern ins Salzachtal nach Salzburg als auch über den Gerlospaß ins Inntal bekannt.

Als das römische Weltreich unter dem Ansturm der Germanen sich allmählich auflöste, breitete sich das geistliche Reich des Christentums in Norikum immer mehr aus.

Das „Mailänder Toleranzedikt“ vom Jahre 313 n. Chr. unter Konstantin dem Großen (313 - 337 n. Chr.) ermöglichte die freie Entfaltung des Christentums, die Zeit der Verfolgung war vorbei. In den römischen Orten Norikums entstanden christliche Gemeinden und die Städte Aguntum (Lienz), Teurnia (Spittal) und Virunum (bei Klagenfurt) wurden Bischofssitze. Kurz nach 400 n. Chr. zogen germanische Kriegerscharen unter Radagais durch das Drautal und zerstörten dabei die Stadt Aguntum und die umliegenden Ortschaften.

Aus Angst vor weiteren Überfällen entschloß sich die Bevölkerung, die zerstörte Stadt zu verlassen und in das nur wenige Kilometer entfernte Lavant am Fuß der Berge zu übersiedeln. Dort wurde auf dem Kirchbichl eine Basilika als Sitz des Bischofs erbaut.

Um 470 n. Chr. kamen die Ostgoten auf ihrem Zug nach Oberitalien durch das Drautal. Der Ostgotenkönig Theoderich der Große (473 bzw. 493 bis 526 n. Chr.) konnte aber die nördlich der oberitalienischen Ebene gelegene Alpenregion auf Dauer nicht beherrschen, dazu war der Stamm der Ostgoten zu klein. Die Slawen konnten aus dem Osten in das Drautal vorstürmen und die Bischofsstädte Virunum und Teurnia gingen verloren. Bedrängnis und Leid der Bewohner dieses Landesteiles von Norikum war ebenso bitter wie uns dies der hl. Severin aus dem Donauraum geschildert hatte.

Nur die Fluchtburg der Bürger Agunts, der in unmittelbarer Nähe gelegene Bischofssitz in Lavant auf dem steilen Kirchbichl, konnte sich in dieser kriegerischen Zeit halten. Der schon erwähnte Venantius Fortunatus berichtet uns im Jahre 565 n. Chr.:

> *„Neben der Drau führt der Weg, wo sich die Kastelle erheben. Hier auf ragendem Hang steht stolz die Bergstadt Agunt.“*

Sicher ist hier der Bergort Lavant gemeint, denn das nur wenige Kilometer nördlich davon gelegene Aguntum lag in Schutt und Asche.

Die Slawen drängten von Aguntum (Lienz) über den Bergsattel in das Pustertal. Hier an diesem Teilstück der Römerstraße nach Innichen liegen die historisch interessanten Orte

Leisach
Thal
Aßling
Anras
Abfaltern
Straßen, was deutlich auf die Römerstraße hinweist,
Tessenberg
Heinfels
Sillian
Winnebach

an der Landesgrenze zu Südtirol. Es lohnt sich, einen Teil dieser Alpenstraße entlangzuwandern, die wegen der damals drohenden Vermurung und Überschwemmungsgefahr auf der mittleren Höhe des Bergrückens ausgebaut wurde.

Auf diesem Bergsattel, der mit seinen einzelnen Orten hier beschrieben wurde, war Jahrzehnte lang die Kampfstätte zwischen den eindringenden Slawen und den von den Norikern zu Hilfe gerufenen Bajuwaren.

In einer Schriftquelle der damaligen Zeit wird uns von Tassilo I. berichtet, dem zweiten in der bajuwarischen Herzogreihe. Er wird in seiner Herrschaft vom Frankenkönig Childebert (575 - 595 n. Chr.) bestätigt, ein Zeichen für die von den Franken ausgeübte Oberherrschaft:

St. Benedikt in Mals: Kirchlicher Stifter

Darstellung eines mittelalterlichen Klosterbaus

Peutinger Tafel (Ausschnitt)

Birnlücke – Übergang: Salzach-Pustertal

Ahrntal – Übergang: Salzach-Pustertal

Römischer Meilenstein

Ausgrabung im Kloster Säben

Grabmal des Hl. Ingenuin

„In der Zeit wurde Tassilo I. von dem Frankenkönig Childebert in Baiern als Herzog eingesetzt. Er rückte mit einem Heer alsbald in das Land der Slawen ein, gewann einen Sieg und kehrt mit sehr großer Beute ins eigene Land zurück."

So berichtete uns eine Quelle für das Jahr 592 n. Chr. Aber schon kurze Zeit darauf wird voller Trauer für das Jahr 595 berichtet:

„Zur selben Zeit wurden gegen 2 000 Baiern, die einen Einfall in das Land der Slawen machten, sämtliche erschlagen, da diesen der Kakan (Stammesfürst der Awaren) zu Hilfe kam."

Und im Jahre 610 n. Chr.:

„Zu dieser Zeit wurde nach dem Tode des Baiernherzogs Tassilo I. dessen Sohn Garibald zu Aguntum von den Slawen geschlagen und das Gebiet der Baiern geplündert. Doch die Baiern sammelten sich wieder, nahmen den Feinden die Beute ab und vertrieben sie aus dem Lande."

Das Schlachtenglück wogte an dieser auf dem Bergsattel gelegenen Völkergrenze hin und her und jede der aufgezählten Ortschaften hatte eine eigene leidvolle Geschichte. Die Ausgrabungen zeigen uns dies und die gefundenen Münzen geben uns die Jahreszahlen der Überfälle an.

Die Slawen drangen zeitweise in das Pustertal ein und errichteten in Heinfels ein Raubnest, von dem aus sie die einheimischen Noriker in Schrecken versetzten. Der Name der Burg „Hunnenvels" weist deutlich auf die Slawen hin, denn zur damaligen Zeit wurden sie im Volk immer noch als Hunnen bezeichnet.

Die Oberschicht der Slawen waren die Awaren, ein turkvölkischer Nomadenstamm. Nach dem Abzug der Langobarden nahmen sie das Gebiet zwischen Donau und Theiß (im heutigen Ungarn) in Besitz und bauten es in Kriegszügen zu einem Großreich aus, das vom Kaukasus bis an die Elbe reichte.

Erst die Feldzüge Karl d. G. zwischen 791 und 803 n. Chr. bereiteten dem Awarenreich ein Ende. Die Awaren selbst wurden von den Slawen und den einwandernden Ungarn völlig assimiliert.

Hier im Bereich unserer Betrachtung bildete sich zwischen Pustertal und Drautal allmählich eine feste Grenze zwischen Bajuwaren und Slawen, die etwa an der Linie des heutigen Kristeinbaches lag.

Die Slawen nahmen bald nach diesen Kämpfen die Arbeit als Bauern auf und setzten sich an günstigen Siedlungsplätzen östlich der genannten Trennungslinie der beiden Stämme fest. Sie verhielten sich nach der vorhergegangenen Eroberungszeit nun meist friedlich gegenüber den zurückgebliebenen Resten der keltoromanischen Bevölkerung. Sie begannen die Talniederungen zu roden und durch Äcker urbar zu machen, dabei besiedelten sie auch das Isel- und das Defreggental.

Westlich der Völkergrenze beim Kristeinbach siedelten die Bajuwaren und die in späteren Jahrzehnten in das befriedete Drautal nach Osten vordringenden bajuwarischen Herzöge gewährten den nun seßhaften Slawen Schutz vor der Oberherrschaft der Awaren.

Den letzten großen Schritt zur Beruhigung dieses Grenzgebietes unternahm der Baiernherzog Tassilo III., der im Jahre 769 n. Chr. das Kloster Innichen gründete. Der Agilolfinger schenkte Atto, dem Abt des Klosters in der Scharnitz, den Ort Innichen mit dem Gebiet zwischen Taistner- und Kristeinbach.

Da schon Scharnitz ein Eigenkloster des Bistums Freising war, so gehörte auch Innichen zu Freising, das nun Eigentümer der Kirche einschließlich des dazugehörigen Gutes mit allen Einkünften war. Nach dem Abschluß der Kämpfe kam die Phase der Befriedung und der Bekehrung der Slawen zum Christentum. Am dcutlichsten gibt die Gründungsurkunde des Klosters diese Absicht wieder:

Gründungsurkunde 769 n. Chr.

Übergebung des Feldes Gelau, welches India genannt wird. In Gottes Namen. Ich Tassilo, Herzog der Bajuwaren, der hochedle Mann, gerührt über Gottes Barmherzigkeit und die ewige Seligkeit, schenke und übergebe aus eigener Vollmacht mit Bewilligung der vornehmsten Bajuwaren den Ort, genannt India, den man insgeheim den Ort Gelau heißt, dem Abt Atto zu der Kirche des heiligen Apostelfürsten Petrus und der übrigen heiligen Apostel und Märtyrer, zum Heile meiner Seele wie auch meiner Vorfahren, zur Erbauung eines Klosters und dessen Unterhalt. Vom Bache, der genannt wird Tesito, bis an die Grenzen der Slawen, das ist bis zum Bächlein des Berges Anaras, schenke ich alles ganz und vollständig, ebene Felder und Gebirgsland, Weiden, Jagdgebiet, Moosgründe sowie auch Gesträuch, die alle zu diesem Ort gehören, so daß kein einziger Mensch in Zukunft befugt sei, noch sich unterfangen soll, unter welch immer für einem Vorwande oder Anspruche, auf welch immer für eine Weise, diesen Ort und seine Bewohner, nämlich den anfänglich genannten Abt Atto oder dessen Nachfolger, zu beunruhigen.

Darum habe ich eigenhändig, so gut ich es imstande war, den Anfang der Buchstaben dieser Schrift in Gegenwart meiner Richter und der Vornehmsten nachgebildet. Dabei haben wir vernommen, daß die dortige Gegend von alters öde und unbewohnt sei. Deshalb habe ich sein Verlangen (Abt Attos) und seine demütige Bitte erhört, und wegen des ungläubigen Volkes der Slawen, damit es auf den Weg der Wahrheit geführt werde, diese Schenkung durch gegenwärtige Urkunde frohen Sinnes gemacht, wobei ich keinesfalls annehme, daß jemand von meinen Erben oder Miterben, wer immer, diesem Schenkungsbrief entgegenhandeln oder entkräftigen möchte, wodurch er sich den Zorn Gottes oder aller Heiligen zuziehen müßte.

Das Zeichen meiner eigenen Hand setze ich bei, ich Tassilo, zur Bestätigung der Schenkung.

Geschehen zu Bozen, bei meiner Rückkehr aus Italien, im 22. Jahr meiner Regierung.

Alizzeo	*Reginuuolf*	*signum manus Cundheri*
Drudmunt	*Pillunc*	*Oatachar*
Hliodro	*Crimperht*	*Papo*
Hariperaht	*Kislolt*	*Iubeanus*

Alim episcopus (Bischof von Säben) testes.

Die hier angeführte Urkunde ist die älteste, die auf Südtiroler Boden ausgestellt wurde und deren Text durch Codices aus dem neunten bzw. zwölften Jahrhundert überliefert ist. Bevor wir auf die siedlungsgeschichtliche Bedeutung der Urkunde eingehen, sollen doch die Zeugen dieser Gründungshandlung näher betrachtet werden, da sie manches über die Kolonisations- und Missionsarbeit des bajuwarischen Stammes aussagen.

Bei Alizzeo, dem an erster Stelle genannten Zeugen, der sicher zu den Adligen gehört, ist es schwierig, eine Verbindung herzustellen zu anderen überlieferten Urkunden, Traditionen oder Verbrüderungsbüchern.

Dagegen wird der zweite Zeuge Reginuuolf in mehreren Schenkungsurkunden der damaligen Zeit gemeinsam mit Herzog Tassilo genannt und dürfte also zu den bevorzugten Gefolgsleuten seines engeren Kreises zählen.

Der dritte Zeuge Cundheri ist sehr wahrscheinlich der Graf Guntharius, der um 767 n. Chr. die Zelle (Kloster) Otting im Chiemgau gründete und dorthin die Orte Ising und Holzhausen schenkte.

Einer der weiteren Zeugen ist Oatachar, einer der Mitgründer des Klosters Tegernsee.

Auch Hliodro konnte identifiziert werden als ein Graf, dessen Namen wir noch zweimal in der Umgebung Tassilos hören und der im östlichen Traungau und um Kremsmünster mit den Slawen kämpfte und dorthin Frieden brachte.

Alim, der letzte Zeuge, war der Diözesanbischof von Säben und hatte wohl deshalb als letzter die Urkunde unterschrieben, um durch sein geistliches Amt eine Bekräftigung des Urkundenwertes abzugeben. Auch er war aus dem engeren Kreise Tassilos im Südtiroler Raum und unter ihm erfolgte die allmähliche Loslösung des Bistums Säben aus dem kirchlichen Verband Aquileias und die Einbindung in die baierische Kirchenprovinz.

Zuletzt soll noch auf Atto, den Gründerabt Innichens, näher eingegangen werden. Er wurde schon 763 n. Chr., nachdem Arbeo kurze Zeit Abt in der Scharnitz gewesen war, sein Nachfolger dort. Damit war ihm ein wichtiger Posten an der Straße von Baiern zu dem immer dichter und dichter besiedelten Südtirol anvertraut worden. Nachdem er sich in der Scharnitz bewährt hatte, erhielt er die Abtwürde in Innichen, um dort bajuwarische Präsenz zu zeigen und um im slawischen Osten zu missionieren. Er verblieb dort bis 784 n. Chr. und wurde nach dem Tode Arbeos sein Nachfolger als Bischof von Freising.

Obwohl Atto aus dem Geschlechte der Huosi stammte, war er eher ein geistlicher Verbindungsmann zu den Agilolfingern. So zeigt die gesamte Zeugenliste die zum Teil freundschaftlichen Beziehungen des Herzogshauses zum bajuwarischen Hochadel. Hier in Innichen, in unmittelbarer Nähe der feindlichen Slawen, war doch noch aus dem gemeinsamen Stammesbewußtsein heraus ein polititischer und kirchlicher Zusammmenhalt zu spüren und im Jahre 769 n. Chr. zeichnete sich das Schicksal Tassilos III., das wegen seiner Gegnerschaft zu Karl d. Gr. und zum westbaierischen Adel zwei Jahrzehnte später so tragisch enden sollte, noch nicht ab.

Unter den ersten Äbten wurde in der Nähe des Klosters Innichen eine Siedlung gegründet. Wie schon bei Agunt geschildert, wird auch hier der Burgbühel in Zeiten der Not als Fluchtburg gedient haben. Die Rodungs- und Siedlungsaufgaben wurden rasch und zielstrebig gelöst und in der Umgebung von Innichen entstand ein Kranz von Pfarreien mit den dazugehörigen Kirchen.

Das Benediktinerkloster selbst wählte als Stiftspatron den heiligen Kandidus und übernham den keltoromanischen, später latiniesierten, Namen India, der zu Innichen abgewandelt wurde.

Seit Tassilo III. sicherte das Kloster Innichen sowohl den Weg nach Osten in das Drautal als auch den Weg nach Süden durch das Sextental über den Kreuzbergsattel. Die spätere Rodung südlich der oben genannten Pässe durch baierische Bauern im Auftrag Kaiser Otto I. (936 - 973 n. Chr.) zeigt die Ausdehnung der bajuwarischen Siedlung an, aber auch die Absicherung einer zweiten „Kaiserstraße" nach Rom. Nach der Zeit der Eroberung des Pustertals haben die Bajuwaren ihre Ansiedlungen in die unmittelbare Nähe der römischen Orte gelegt. Da Drau und Rienz noch nicht reguliert waren, bildeten sich viele Altwässer in den Tälern und die Gefahr der Überschwemmung war groß. Deshalb lagen die ersten Ansiedlungen in den Gebirgs-Mittellagen. Die allmähliche Verbesserung und Verkürzung der altrömischen Straße brachte dann die Orte in die Talniederungen wie dies z. B. bei Toblach, Niederndorf, Welsberg, Olang und Percha festzustellen ist.

Das südlich gelegene Höhlensteintal war zur Zeit der bajuwarischen Besiedlung im 7. Jahrhundert ein wenig begangenes Nebental und so konnten sich die einheimischen Noriker bis über Cortina d'Ampezzo hinaus bis in unsere Tage als Ladiner behaupten. Das Höhlensteintal wurde erst im späten Mittelalter zum bekannten Weg nach Venedig als „Strada d'Allmagna".

Die nördlichen Seitentäler des Pustertales - das Gsieser Tal, das Antholzer und vor allem das Tauferer Tal - waren schon zur Zeit der bajuwarischen Erstbesiedlung vom Salzachtal her über die Paßübergänge sehr rasch in bajuwarische Hand gekommen und weisen deshalb viele Einzelhöfe auf.

Im Gegensatz dazu wurde das Defreggental von Osten her durch die Slawen besiedelt und die slawische Siedlungsform der kleinen Ortschaften ist heute noch in diesem Tal erkennbar.

Die Fahrt durchs Defreggental über den Staller Sattel und dann durch das Antholzer Tal nach Süden in das Pustertal zählt zu den schönsten Erlebnissen einer Gebirgsfahrt und führt auch in der Hauptreisezeit des Sommers in wenigen Minuten aus dem Trubel des Pustertals heraus in eine friedliche Bergwelt.

Die Besiedlung des Pustertales erfolgte aber nicht nur entlang des Tales neben der Rienz, sondern auch über zahlreiche Gebirgsübergänge aus dem Salzachtal. Zu den wichtigsten Übergängen aus dem Salzburger Land zählte der Weg entlang der Salzach über die Krimmler Tauern oder die Birnlücke in das Ahrntal. Ein weiterer Paßübergang führt über das Klammljoch durch das Raintal nach Sand in Taufers und von dort ziehen die Wege gemeinsam nach Süden in das Brunecker Becken. Der Weg vom Salzburger Land über die Krimmler Tauern in das Pustertal war ein Urweg der Bajuwaren und führte viele Siedler in das Pustertal. Mehrere Tatsachen sprechen dafür:

Zur Zeit der Römer wurde die Rienz als Byrrus bezeichnet. Es ist nachzuweisen, daß für die Noriker und die Römer der Hauptfluß Byrrus diese Bezeichnung entlang des Puster-, des Tauferer- und des Ahrntals bis hin zu den Krimmler Tauern hatte, so daß für die damaligen Bewohner das Haupttal und der Hauptfluß von Bruneck nach Norden in Richtung Salzburger Land abbogen.

Ein zweiter Beweis für diese Besiedlungstheorie sind die Gründungen der Weiler und Höfe im Ahrntal, durch das der Hauptfluß Byrrus zog. Sie wurden schon während der ersten bajuwarischen Besiedlung im 7. Jahrhundert gegründet. Die Ortsnamen im Tal nördlich des Brunecker Beckens lassen deutlich die frühe baierische Sprache erkennen.

Dietenheim, abgeleitet vom Herzogsnamen Theodo; Tesselsberg, abgeleitet vom Herzogsnamen Tassilo; Greinwald, hinweisend auf Grimoald; Uttenheim, auf den Namen der agilolfingischen Prinzessin Uota zurückweisend.

Es hatten also mittlerweile die ansässigen Bajuwaren die Noriker verdrängt, nachdem sie um 600 n. Chr. von jenen gegen die Slawen um Hilfe angerufen worden waren.

Ein dritter Hinweis für diesen hier aufgezeigten Weg der bajuwarischen Besiedlung des Pustertales ist, daß dieser Urweg schon in der Bronzezeit eine wichtige Nord-Süd-Verbindung war, als das Kupfer den Reichtum Norikums begründete. Auch in späteren Jahrhunderten wurde der Abbau des Kupfers weiterhin stark betrieben, als die Baiern den römischen Byrrus inzwischen in Ahrnbach umbenannt hatten.

Eine spätere zweite Besiedlungswelle durch Bergknappen mit ihren Familien läßt sich deutlich ablesen, denn zu jener Zeit wurden die höher gelegenen Orte wie Prettau und Kasern in der Nähe der Kupferbergwerke im Ahrntal gegründet.

Als weiterer Hinweis seien die zahlreichen Kirchen auf diesem Weg über die Birnlücke und die Krimmler Tauern genannt, die mit ihren frühen Patrozinien, also mit den Heiligennamen, auf die ersten Jahrhunderte des Christentums hinweisen:

St. Johann
St. Jakob
St. Martin
St. Peter und
St. Valentin.

St. Valentin wurde zum Heiligen ganz Südtirols.

Den letzten Beweis für die Theorie des starken Siedlungszugs der Bajuwaren über den Paß der Birnlücke nach Süden liefert ein Blick auf die Landkarte; noch heute zeigt die politische Grenze, daß das Salzburger (= Bajuwarische) Land bis an Südtirol heranreicht und beide Länder eine gemeinsame Grenze haben.

Der Vollständigkeit halber sei darauf hingewiesen, daß die höher gelegenen Täler, wie z. B. das Reintal erst im Laufe des späten Mittelalters von Deutschen besiedelt wurden. In dieser Zeit haben die Einwanderer die keltoromanischen Flur- und Bergnamen nicht mehr eingedeutscht.

Unser Weg führt nun hinaus in das Brunecker Becken. Ein kurzer Abstecher nach Dietenheim mit seinen wunderschönen Ansitzen ist lohnend und von dort führt ein Wanderweg nach Tesselsberg. Die gehegte Hoffnung, einen Blick zurück in die bajuwarische Siedlungsgeschichte in diesen Orten tun zu können, erfüllte sich leider nicht. Hier ist noch Arbeit für den Spaten des Archäologen, der wahrscheinlich manch Aufschlußreiches freilegen kann.

Die älteste Siedlung im Brunecker Becken war nicht die Stadt Bruneck, die erst im 13. Jahrhundert von einem Brixener Bischof gegründet wurde, sondern das westlich davon gelegene Stegen. Dieser Ort ist eine alte Brückensiedlung, die bis in die römische Zeit zurückreicht. Die Stegener Ahrnbachbrücke hatte durch das Mittelalter hindurch ihre wichtige Bedeutung an der Pustertaler Straße behalten. Dort wurde auch „Thing“ gehalten für die gesamte Grafschaft Pustertal. Heute weisen nur noch der bajuwarische Flurname Alting oder der weithin bekannte Stegener Markt im Oktober auf die Zeit der Landnahme hin.

Von Stegen führt in der Höhe des Mittelgebirges die alte Straße von Greinwalden über Pfalzen, Issing, Terenten nach Vintl und mündet dort in die römische Via Claudia, die heutige Pustertaler Straße, ein.

Von Bruneck kommen wir nach St. Lorenzen, das zur Zeit der Römer Sebatum hieß. Dieses Wort ist abzuleiten von Laevates, einem kelto-illyrischen Volksstamm, der einer der dreizehn Stämme des Königreiches Norikum war. Nicht geklärt ist bis heute, ob Sebatum ebenso ein spätrömischer Bischofssitz wurde, wie wir solche in Agunt bei Lienz und in Teurnia bei Spittal kennengelernt haben. Die Ausgrabungen dicht neben der Pustertaler Straße lassen noch keine Rückschlüsse zu.

Laurentius, der Stadtheilige, gehört zu den Märtyrern des 3. Jahrhunderts nach Christus und sein Patrozinium zeigt eine frühe Gründung der christlichen Gemeinde in St. Lorenzen an, denn die erste Christianisierungswelle drang mit den Soldaten der römischen Legionen und den Kaufleuten von Aquileia nach Norden in die Städte Teurnia und Agunt in das Keltenland vor. Als die Bajuwaren um 600 n. Chr. in das Pustertal eindrangen, fanden sie somit in den römischen Gemeinden schon Christen vor.

Einige Zeit vorher, um 539 n. Chr., war die Siedlung St. Lorenzen geplündert und zum Teil zerstört worden. Ein Münzschatz, der hier gefunden wurde, läßt einen Frankeneinfall unter König Theudebert vermuten.

Die tatkräftigen Franken hatten die Alemannen in das obere Rheintal und den Vinschgau zurückgedrängt und sie waren auch in die östliche Alpenregion vorgestoßen. Am besten zeigt die Situation dieser Zeit ein Hilfegesuch mehrerer Bischöfe der Provinz Aquileia an den oströmischen Kaiser Maurikios, das den Zustand im politischen und kirchlichen Bereich des Drau- und Pustertals um 600 n. Chr. schildert:

„Wenn Eure Befehle diese Verwirrung und Bedrängnis nicht beseitigen, so wird keine unserer Gemeinden den künftigen Bischof zur Weihe nach Aquileia gehen lassen, falls einen von uns Lebenden das Sterben ankommt, sondern sie werden, da die Erzbischöfe von Gallien in der Nähe sind, ohne Zweifel diese um die Weihe angehen und auflösen wird sich die Eurer Herrschaft unterstehende Metropolitankirche.

Wäre damals die Unruhe in unseren Gebieten (also des Puster-und Drautals) nicht durch einen Befehl des oströmischen Kaisers Justinian seligen Angedenkens behoben worden, so wären zu unserer Unbill gallische Priester in fast alle Bistümer eingedrungen, die zur Synode von Aquileia gehören.“

Dieses Gesuch haben die Bischöfe Agnellus von Trient, Junior von Verona und Ingenuin von Säben unterzeichnet.

Einige Zeit nach der hier geschilderten fränkischen Einflußnahme im Puster- und Drautal rückt der erste bajuwarische Herzog Garibald und nach seinem Tode sein Sohn Tassilo mit den Bajuwaren in dieses Gebiet ein. Die Franken haben nun eine politische und kirchliche Einflußnahme nicht mehr für notwendig erachtet, da sie die Aufgabe der Missionierung und der Besiedlung den Bajuwaren überlassen konnten, mit deren Herzogshaus der Agilolfinger sie verwandtschaftlich eng verbunden waren.

Bei St. Lorenzen zweigt nach Süden das Gadertal ab. Wenn es auch nicht direkt zum Thema dieses Buches gehört, so wollen wir doch an dieser Stelle auf die Ladiner eingehen, wie die einheimischen Noriker in den Dolomitentälern genannt worden sind. Sie waren in ständiger Berührung mit den eindringenden Bajuwaren, von denen sie im Zuge der Besiedlung in die höheren Täler verdrängt wurden.

Die westlich des Eisacks ansässigen Einwohner Rätiens und die östlich des Flusses wohnenden Noriker waren nach der Besetzung dieser Alpenregion durch die Römer im Laufe der darauffolgenden Jahrhunderte Romanen geworden. In der Zeit der Kämpfe zwischen den Slawen und den Bajuwaren ist die romanische Urbevölkerung aus dem Pustertal ins Gader- und Abteital ausgewichen. Die aus dem Eisack- und Tauferertal vordringenden Bajuwaren mußten also nicht mit den norischen, nunmehr romanisierten Ureinwohnern kämpften, da diese das Feld im eigentlichen Sinne des Wortes räumten. Es ist wichtig, dies hier festzustellen, denn aus dieser Tatsache, daß die Bajuwaren die Romanen nicht bekämpften, sondern nur verdrängten, ist das spätere friedliche Nebeneinander der beiden Volksstämme zu verstehen.

Durch das Vordringen der Bajuwaren und der Alemannen von Norden wurde das vorher zusammenhängende Siedlungsgebiet der Romanen in den Zentralalpen in zwei Teile geteilt. Im Westen blieb Churrätien, also das obere Rhein- und Inntal mit dem Vinschgau, im Osten, also östlich des Eisacktals, verblieben die Romanen in den Dolomitentälern. Zu Ladinien, wie dieses Gebiet heute genannt wird, zählen das schon genannte Gader- und Abteital, das Grödental, Buchstein und das Fassatal. Die tiefer im Süden des Gadertals liegenden Bereiche wurden von Lüsen, Villnößß und Gröden über die Pässe Astjoch, Lüsnerjoch, Würzjoch und Peitlerscharte von den verdrängten Ladinern besiedelt. Nach diesem kurzen Blick in die ladinischen Täler zurück in das Pustertal.

Am Eingang des Gadertals liegt auf beherrschender Anhöhe das Kloster Sonnenburg. Durch Ausgrabungen ist nachgewiesen, daß schon vor der Zeit der Römer hier eine Wallburg lag, die später weiter ausgebaut wurde.

Die nachfolgenden Bajuwaren machten daraus eine eigenständige Burg, die durch die Stiftung eines Grafen Volkhold, der Pustertal und Lurngau beherrschte, in ein Kloster umgewandelt wurde.

Der Herrschaft dieses Klosters Sonnenburg unterstand das Gericht Enneberg und das Abteital, wie dies schon aus dem Namen abzulesen ist. Die Grenze des Klosterbereiches zu den Besitzungen der Brixener Bischöfe lag zwischen Gader- und Abteital bei St. Martin und Thurn.

Das untere Pustertal zieht sich vom Kloster Sonnenburg entlang der alten Römerstraße bis nach Ehrenburg. Der schon vor langer Zeit gefundene römische Meilenstein zeigt diesen alten Wegverlauf und ist heute noch in der Nähe des Dorfes Ehrenburg zu sehen. Der Name Ehrenburg geht wahrscheinlich auf eine bajuwarischen Burgherrn Aribo zurück, ein Beweis mehr für die Kolonisierung des Pustertales durch die Bajuwaren.

Nördlich der Ehrenburg liegt Kiens, das mit seinem Namen auf die kelto-illyrische Zeit hinweist, ebenso wie der Ortsname Vintl. Zahlreiche Funde von Obervintl aus der älteren Eisenzeit bis in die späte Hallstattzeit deuten auf die frühe Besiedlung des Pustertals durch die kelto-illyrischen Stämme der Saevaten (Sebatum) und Laianci hin.

Fast immer ist die Übernahme der alten Orts- und Flußnamen der einheimischen Urbevölkerung ein Zeichen dafür, daß die baierische Besiedlung in solchen Gegenden nicht sehr dicht war und eine Gegend nur Durchzugsland war.

Bevor wir nun das Pustertal westlich von Vintl an der Mühlbacher Klause verlassen, soll noch ein kurzer Abstecher nach Meransen nördlich von Mühlbach getan werden.

Meransen war bis vor wenigen Jahren ein „glückliches Paradies“, von keiner Straße aus zu erreichen, durch keine Seilbahn erschlossen. Eine Erinnerung an diese Zeit ist der heute noch begehbare Plattenweg von Mühlbach nach Meransen. Er heißt wegen seiner Enge und Steilheit sehr anschaulich der Katzensteig und in der Mitte dieses Steiges liegt die vor Jahren fast verfallene und nun wieder ausgebaute „Jungfernrast“.

Hier sollen vor urdenklichen Zeiten die drei Jungfern Aubet, Coubet und Guère auf ihrer Flucht in die Berge fast verdurstet und durch eine schattenspendende Linde mit einer darunter sprudelnden Quelle gerettet worden sein.

Wie hinter den meisten Legenden steckt auch hier wahrscheinlich ein historischer Kern. Vor allem ist es interessant zu wissen, daß es mehrere Kultstätten dieser drei Legendengestalten gibt und dieses Stätten in Baiern, im Inntal und in einem begrenzten Bereich Südtirols liegen. Sie waren in der vorchristlichen Zeit in diesem Alpenraum Stammesgöttinnen, die hier für Fruchtbarkeit und gutes Wetter, vor allem aber für lebensspendenden Regen sorgen sollten.

In der Zeit der bajuwarischen Besiedlung und der damit verbundenen christlichen Kolonisierung nahmen die in die höheren Bergregionen ausweichenden Ureinwohner den heidnischen Fruchtbarkeitskult mit sich. Später vermischte sich dieser Kult mit den Glaubensriten der Bajuwaren, was wieder auf das friedliche Miteinander mit den Einheimischen hindeutet. Aber die Tradition der Urbevölkerung in den höheren Bergregionen blieb in Kult und Sprache stark. Unser Weg führt nun von Mühlbach hinaus in das Eisacktal.

BRENNER UND EISACKTAL

„Zu großer Höh ein gewaltig Strass'
wird gebraucht ohn' Unterlaß,
im Römischen Reich kein solcher Paß,
aus und in Welschland, wie ich sag',
als Tirol gefunden werden mag."

So beschreibt im 16. Jahrhundert ein Dichter in einem Reim die Brennerstraße.

Der Brenner zählt zu den ältesten Übergängen über die Alpen. Er ist mehr ein Hochtal als ein Paß, der schwer zu überschreiten wäre. Die Still fließt aus diesem Hochtal in Richtung Norden nach dem schon bekannten Kloster Wilten zum Inn. Nach Süden zieht vom Brennersattel der Eisack, der als immer breiter werdender Fluß bei Brixen die aus dem Pustertal kommende Rienz aufnimmt. Bei Klausen durchbricht er an einer Engstelle das Gebirge, worauf die lateinische Bedeutung des Wortes Klausen hinweist: „Enge".

Zwischen Klausen und Bozen durchquert der Eisack ein enges Tal, das schon immer schwierig auf einem Saumpfad zu passieren war. Erst im Mittelalter wurde hier eine befahrbare Straße ausgebaut, die nach ihrem Erbauer, dem Kaufmann Kunter aus Hall, der Kuntersweg genannt wurde. Bei Bozen mündet die Eisack in die Etsch, die breit aus dem Vinschgau herausströmt.

Die Bajuwaren zogen bei der Besiedlung des Inntals bis Hall den Fluß aufwärts, von dort erstiegen sie die Mittellage des Gebirges unter dem Patscherkofel. Sie folgten wohl im wesentlichen der „Römerstraße", die auch heute so genannt wird. An ihr lagen die Orte Aldrans (Aldrianus) und Sistrans (Sistrianus). Diese Orte waren Gründungen der Römer und dienten zur Bewachung und Sicherung der Straße. Nach der Zeit des römischen Imperiums wurde der Weg weiterhin begangen und erhielt wegen seiner zahlreichen Kehren den anschaulichen Namen „Ellbögenstraße". Auf dieser Bergstraße fuhren während des Mittelalters zahlreiche Fuhrwerke Salz aus Hall über den Brenner nach Oberitalien.

Der zweite Weg der bajuwarischen Besiedlung über das Gebirge nach Süden führte von Mittenwald über die Scharnitzer Klause zum Inn und von dort zum Brenner. Dieser Weg wurde - wie schon vorher aufgezeigt - weniger begangen.

Ein weiterer, wenig benützter Weg, führte von Kloster Wilten die schwierig zu begehende Sillschlucht aufwärts. Alle drei Wege vereinigten sich bei Matreium und führten gemeinsam über einen kurzen steilen Anstieg nach Pürns, Steinach zum Brennersattel.

Die unwirtlichen Täler und Schluchten im Norden des Brenners nutzten die Bajuwaren kaum zu Siedlungen.

Die bis heute erhaltenen kelto-illyrischen und römischen Orts- und Flurnamen lassen erkennen, daß dort noch lange Zeit die Urbevölkerung weiterlebte. Erst später nachziehende Siedler aus dem altbaierischen Raum machten sich im Silltal und am Brenner ansässig und verdrängten die rätoromanische Sprache nach dem 10. Jahrhundert.

Im Mittelalter kam für das Silltal, den Brennersattel und das obere Eisacktal immer mehr der geographisch zusammenfassende Name Wipptal in Gebrauch. Dieser Ausdruck kommt von „Vipitenum" (Sterzing), wie der Name der Straßenstation in der Nähe der heutigen Stadt damals lautete. Der den Brennersattel bedeckende Wald wurde entsprechend „Wibetwald“ genannt. Diese Landschaftsbezeichnung für das nördliche und südliche Gebiet läßt erkennen, daß der Brenner nie als Grenze, sondern immer schon als Bindeglied zwischen Inn- und Eisacktal verstanden wurde.

Das Wort „Brenner“ könnte von einem später urkundlich genannten Hof eines bajuwarischen „Prennarius“ abgeleitet sein, aber auch die Breonen, die Ureinwohner dieses Tales, könnten zur Namensgebung des Passes Pate gestanden haben.

Südlich der Breonen saßen im Eisacktal zur Zeit der römischen Eroberung und der bajuwarischen Besiedlung die „Isarci“. Diese Isarci gaben dem Eisacktal seinen Namen und Eisack-Isarcus dürfte „der zornig Dahinfließende“ heißen, wie dies der bekannte Forscher Karl Felix Wolff deutet.

Eisackabwärts ist nach dem Brennersattel die erste größere Ansiedlung Gossensaß. Hier sind sich die Sprachwissenschaftler weitgehend einig, daß hier die Ansiedlung einer bajuwarischen Sippe war, deren Anführer „Gozzo“ hieß.

Wie alle Seitentäler so wurde auch das bei Gossensaß gelegene Pflerschtal erst in einer späteren Besiedlungswelle, wahrscheinlich im 14. und 15. Jahrhundert, baierisch besiedelt. Die Knappen, die die zahlreichen ergiebigen Bergwerke in diesem Tal betrieben, kamen aus den nördlich gelegenen Alpengebieten.

Der Hauptort des oberen Eisacktales - hier noch Wipptal - ist Sterzing. Eine sprachwissenschaftliche Brücke vom römischen „Vipitenum“ zum heutigen Namen Sterzing ist kaum herzustellen. Am ehesten hat hier der Nestor der Südtiroler Geschichtsschreibung, Johann Jakob Staffler, Recht. Er leitet den Namen Sterzing von den dort geprägten Geldstücken, den Sesterzen ab. Andere nennen einen bajuwaren Sippenältesten, den „Starzo", als Namensgeber für die Stadt Sterzing.

Wie immer es auch gedeutet werden mag, Sterzing war bei seiner zentralen Lage im oberen Eisacktal ein wichtiger Stützpunkt auf dem Weg des Besiedlungszugs der Bajuwaren. Sie kamen nicht nur vom Brenner herunter, auch das östlich von Sterzing gelegene Pfitschtal war ein guter Zugang. Wie wir bei der Beschreibung des Zillertals gesehen haben, lagen dort die Besitzungen des Klosters Chiemsee, das schon im 7. und 8. Jahrhundert kolonisiert hatte. Vom Tal kamen die Bajuwaren über das dünn besiedelte Pfitscher Joch in das Pfitschtal.

Die die Salzach aufwärts wandernden bajuwarischen Siedler – aus dem „Urgebiet" bei Salzburg kommend – drängten aber auch über die anderen Gebirgsübergänge wie die Krimmler Tauern, die Felber Tauern sowie die Birnlücke in das Pustertal.

Wir dürfen nicht, von der heutigen Sicht ausgehend, in die Vorstellung verfallen, daß die „verkehrsgerechten" Verbindungen die bequemsten sind. In jenen Tagen war der kürzeste Weg, auf dem man einige Tagereisen einsparen konnte, der beste; den das Auf und Ab der Urwege bereitete den naturverbundenen Menschen der Völkerwanderungszeit und des Mittelalters keine Schwierigkeiten.

Über die Besiedlung des oberen Eisacktales gibt es eine Urkunde, die uns klare Aufschlüsse gibt. Es ist die sogenannte Quartinusurkunde aus dem Jahre 827 n. Chr. Quartinus war damals der Besitzer der Maierhöfe zu Stilfes, Trens, Fleims, Tschöfs, Telfes, Thuins und Tulfes. Die Ortsnamen lassen noch deutlich die rauhen Laute der vorromanischen Sprache hören, die dann später in die rätoromanische gewandelt wurde.

Quartinus selbst und seine Eltern waren Romanen. Sie übergaben die oben genannten Höfe der Kirche und erhielten dafür Besitz im oberen Pustertal in der Nähe Innichens.

Auf der Quartinusurkunde sind 29 Zeugen genannt, die meist germanisch-bajuwarische Namen führten, ein Beweis für die rasche Ausbreitung der Bajuwaren im Raum um Sterzing im 9. Jahrhundert n. Chr.. Quartinus wird wohl dem Druck der bajuwarischen Besiedlung gewichen sein, um nicht seinen Besitz als Romane zu verlieren. So zeigt dieser beurkundete Vorgang deutlich die Wandlung der Machtverhältnisse im Sterzinger Raum.

Die neuen Siedler betrieben auch die Trockenlegung des Sterzinger Mooses und so konnte sich vom Ortsteil Will - dem romanischen „Villa" - ausgehend, Sterzing zu einer Stadt im Eisacktal entwickeln.

Unser Weg führt nun an den beiden Burgen Sprechenstein und Reifenstein vorbei weiter nach Süden. Die dort vorher schon vorhandenen Kastelle dienten zur Sicherung der römischen Straße.

Südlich davon liegt an der Ostseite des Eisacktals an einem Berghang der Ort Valgenäun. Der Name wird von J. J. Staffler auf das lateinische Wort „vallis Genaunorum" - Tal der Genauner Urbewohner - zurückgeführt. Der hoch oben am Hang gelegene Ort wird den Ureinwohnern sowohl zur Zeit der Römer als auch der Bajuwaren Zuflucht und Schutz gewährt haben.

In Mauls können wir ebenfalls Geschichte vor Ort betrachten. Zwei hier gefundene Steine sind beredte Zeugen der Vergangenheit:

Der Mithrasstein, der in die Zeit weist, als die zur Sicherung des Alpenraums hierher verlegten römischen Legionäre diesem vorchristlichen Mithraskult anhingen und der Quartinusstein, nicht zu verwechseln mit der schon erwähnten Quartinusurkunde.

Beide Steine sind ein beredtes Zeugnis für die Kontinuität der Entwicklung von Römern zu rätischen Romanen.

Bei der Weiterfahrt sollte man eine kurze Rast bei der „Sachsenklemme“ nicht versäumen. Wenn auch ein späteres geschichtliches Ereignis - in den Jahren 1797 und 1809 - so sind doch die heftigen Kämpfe zwischen den Südtirolern und den mit den Franzosen verbündeten Sachsen diesem Engpaß des oberen Eisacktales wohl erwähnens- und betrachtenswert.

Südlich von Franzensfeste mündet das Pustertal in das Eisacktal. Der Hauptort ist hier die alte Bischofsstadt Brixen, deren Name Prihsna in einer Schenkungsurkunde des Königs Ludwig von 901 n. Chr. zum erstenmal genannt wurde als dieser den Maierhof Prihsna dem Bischof Zacharias von Säben schenkte.

Bisher hat man angenommen, daß der Säbener Bischofssitz erst nach der Völkerwanderungszeit und der Befriedung des Landes durch die Bajuwaren in das Tal hinunter verlegt werden konnte. Aber neuere Ausgrabungen haben ergeben, daß sich sowohl ein vorgeschichtlicher Ort, der unter Drusus erobert wurde, und später ein römisches Kastell im Mündungsdreieck zwischen Rienz und Eisack befunden haben.

Bei der Besiedlung des Eisacktales durch die Bajuwaren wurde nach geltendem Recht dieses römische Staatsterritorium dem baierischen Herzog zugesprochen und später den karolingischen Königen. Die neuesten, sehenswerten Grabungen zeigen die Bedeutung dieses „königlichen Hofes“ und so ist auch die Annahme wahrscheinlich, daß der ursprüngliche Bischofssitz des Eisacktales im römischen Brixen des 4. und 5. Jahrhunderts gelegen sein könnte. Der Bischof war dann in den Wirren der Völkerwanderungszeit auf den sicheren Säbener Felsen geflohen und kehrte um 900 n. Chr. wieder nach Brixen zurück.

Als erster Bischof von Säben wird Martianus genannt, der in der zweiten Hälfte des 6. Jahrhunderts lebte. Er wurde vom Patriarch von Aquileia nach Regensburg entsandt, um dort am bairischen Herzogshof um Beistand für sein bedrängtes Bistum im Eisacktal zu bitten.

Martianus zog sich nach seiner Mission am bairischen Hof wieder auf seinen Bischofssitz Säben zurück. Aber auch dort fand Martianus keinen Frieden, er floh zu seinem Patriarchen nach Grado, wo er im Jahre 578 n. Chr. starb.

Als einen Augenzeugen dieser Zeit haben wir Venantius Fortunatus kennengelernt, der von seiner Pilgerreise im Jahre 565 n. Chr. über die Gegend am Brenner berichtet:

> *„... wenn Dir nicht der Baier kriegerisch entgegentritt, so ziehe dort durch das Gebirge, wo in der Nähe die Orte der Breonen liegen.“*

Das zeigt, daß nach dem Tode Theoderichs des Großen im Jahre 526 n. Chr. die politischen Verhältnisse im Eisack- und Etschtal, also an der Randzone des ostgotischen Einflußbereiches, wieder unsicher geworden waren.

Aber um 600 n. Chr. war die bajuwarische Besiedlung soweit fortgeschritten, daß eine sichere Verbindung vom Inntal über den Brenner in das obere Eisacktal und das Pustertal hergestellt war. Nun waren die politischen Verhältnisse hier sicherer geworden.

Und die Bajuwaren konnten weiter nach Süden vorstoßen. Dies geschah mit Wissen, ja mit Zutun der fränkischen Könige, denn sie hatten mit Garibald einen bajuwarischen Herzog eingesetzt, der mit ihrem Merowinger Herrschergeschlecht verwandt und so ein zuverlässiger Verbündeter war.

Bei diesem Vordringen in das südliche Eisacktal stießen die Bajuwaren auf einen anderen germanischen Stamm. Im Jahre 568 n. Chr. waren die Langobarden aus dem Gebiet des heutigen Ungarn von Osten in die oberitalienische Ebene vorgedrungen. Sie besetzten schon im ersten Jahr ihrer Wanderung die Gegend von Verona und Trient.

Obwohl die Bajuwaren mit den Langobarden aus der Zeit vor der Völkerwanderung in der Heimat im Norden ein gut nachbarliches Verhältnis hatten, kam es nun in dem neu eroberten Gebiet des Eisacktales zu örtlichen Auseinandersetzungen. Ein beredtes Zeugnis dieser andauernden Kämpfe liefern die Ausgrabungen auf dem Berge Säben, die wie in einem aufgeschlagenen Buch die Geschichte dieser Jahre ablesen lassen.

Die einzige Kraft, die in diesen kriegerischen Jahrzehnten in der mittleren Alpenregion Frieden zu stiften suchte, war das Christentum. Seit dem Mailänder Toleranzedikt von 313 n. Chr. war der größte Teil der Bevölkerung des römischen Reiches christlich geworden. Die Germanen waren ebenfalls christianisiert worden und es zeichnete sich die Möglichkeit ab, Römer und Germanen im gemeinsamen Glauben auszusöhnen.

Die Bewohner des Etsch- und des Eisacktales zogen sich auf die höher gelegenen Bergregionen zurück und warteten ab, ob die eindringenden Bajuwaren, die in der Zwischenzeit christianisiert waren, sich mit den Römern kriegerisch auseinandersetzten.

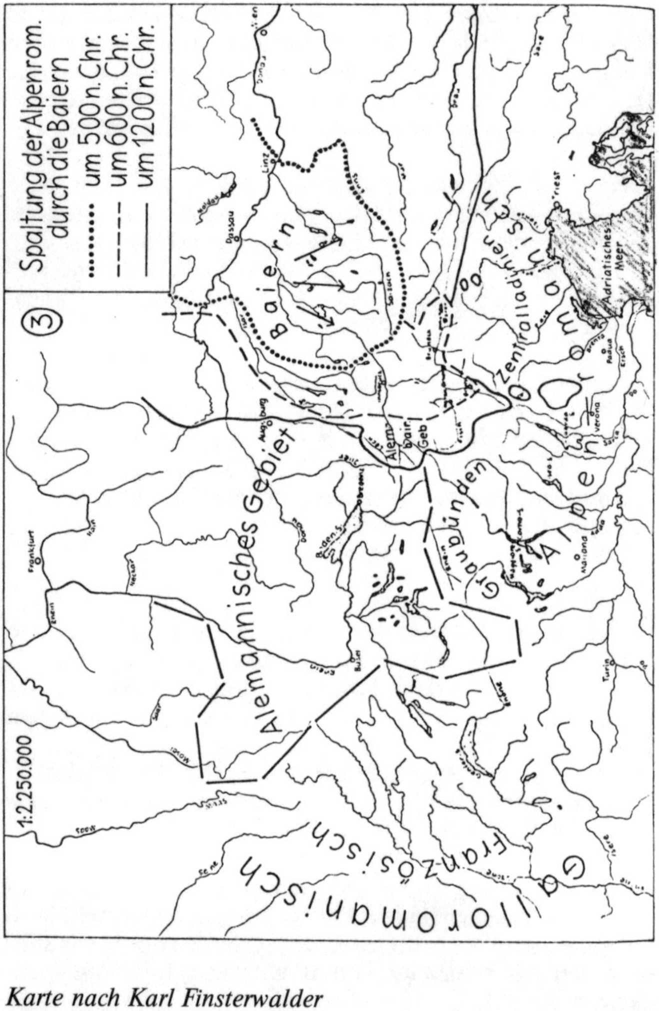

Karte nach Karl Finsterwalder

Einer der geschützten Rückzugsplätze war für die Rätoromanen der Berg Säben. Er eignete sich mit seinen nach allen Seiten abfallenden Felskegel besonders gut zur Verteidigung, die nun ständig erforderlich war. Das Fundgut, das bei den Grabungen dort zutage gefördert wurde, läßt deutlich die Leidensgeschichte der Säbener Bevölkerung ablesen.

Hans Nothdurfter, der Leiter der Säbener Ausgrabungen, schreibt:

> *„Also lebte hier eine frühchristliche Glaubensgemeinde etwa 170 Jahre bevor die ersten Bischöfe bezeugt sind. Diese ersten Christen sind vielleicht von einem Wanderbischof betreut worden. Wir kennen sogar aus zwei zeitgenössischen Quellen den Namen von einem Valentinus episcopus Raetiarum."*

Eine spätantike Gebäudegruppe auf dem Südhang des Säbener Felsen ist zweimal in dieser Notzeit des 4. und 5. Jahrhunderts abgebrannt. Das erstemal wurden die Gebäude nach dem Abzug der Brandschatzer wieder aufgebaut, das zweitemal verlor die einheimische Bevölkerung den Mut, in dieser Mittellage des Berges wieder zu bauen und zog sich auf die Bergkuppe zurück. Dort entstand eine Fluchtburg mit einer Kirche für die frühchristliche Glaubensgemeinschaft. Das unten liegende Gelände mit seiner Brandstätte wurde zum Friedhof umgewandelt und die dort befindliche Kirche wurde Friedhofskapelle.

In diesem Friedhof liegen Hunderte von Gräbern aus dem nachfolgenden 5., 6. und 7. Jahrhundert. Es sind Männer, Frauen und Kinder hier bestattet, die wahrscheinlich aus den umliegenden Tälern hierher gebracht worden sind. Die meisten von ihnen sind ohne Beigaben ins Grab gelegt worden und die erkennbaren spärlichen Kleidungsreste ermöglichen die Zeit ihres Todes in etwa anzugeben. Die große Überraschung bei den Ausgrabungen in diesem Weinberg war der Teil des Gräberfeldes, in dem eine vornehme Sippe aus der ersten Hälfte des 7. Jahrhunderts bestattet worden war. Durch Grabbeigaben weisen sich die Angehörigen dieser Sippe als vornehme Fremde aus, die erst kurze Zeit vorher in das Eisacktal eingewandert waren. Ähnliche Gürtel und reiche Gehänge sind uns aus dem germanischen Raum bekannt und fast dieselben Schmuckstücke sind in Baiern in den letzten Jahren ausgegraben worden.

In Säben sind am besten die mit Goldbrokat besetzten Kleider der Damen erhalten und ihr goldener Schmuck, der sie als herrschende Klasse ausweist. Die Angehörigen dieser Sippe wurden um 630 n. Chr. in Säben bestattet.

Ihre Grabbeigaben bestätigen uns, daß zu dieser Zeit die erste bajuwarische Landnahme im Eisacktal stattfand.

In dieser Zeit regierte nach den beiden ersten bajuwarischen Herzögen Garibald und Tassilo deren Nachfolger Garibald II. Zu seiner Zeit war also das Inntal, der Brennersattel und das Eisacktal bis nach Säben von den Bajuwaren besiedelt.

Das Bistum Säben wird zum erstenmal in einer Synode, die zwischen 572 und 577 n. Chr. in Grado stattgefunden hatte, genannt. In einer Urkunde wird Martianus unter den dort anwesenden Bischöfen aufgeführt und etwas später hören wir von einem Bischof Ingenuin, der um 600 n. Chr. auf Säben lebte.

Paulus Diaconus berichtet in seiner Geschichte der Langobarden über diesen Ingenuin, der zur selben Zeit Bischof auf Säben war, als dic Langobarden von der oberitalienischen Ebene in die nördlich gelegenen Gebirgstäler vordrangen. Sie stritten im Eisacktal mit den Bajuwaren und im Etschtal mit den Franken. Der heilige Ingenuin mußte während dieser Kämpfe aus seinem Bistum Säben fliehen und lebte längere Zeit als Flüchtling beim Patriarchen in Aquileia.

Während derselben Zeit drangen die Franken um 590 n. Chr. im Siegeszug aus dem Vinschgau bis zur Festung Verruca im Etschtal bei Trient vor. Aus einer Nachricht hören wir, daß Ingenuin zusammen mit dem Trientiner Bischof zwischen den Langobarden und den Franken zu vermitteln suchte und Gefangene beider Stämme ausgetauscht wurden. Trient war also zu dieser Zeit fest in der Hand eines langobardischen Herzogs. Die Franken drangen aus ihrem gesicherten nördlichen Herrschaftsbereich, der bis in das obere Rheintal reichte, mehrmals über die Bündner Pässe in den Vinschgau vor und kämpften an beiden Ufern der Etsch von Meran bis Trient mit den Langobarden. Die Machtausübung im Etschtal wechselte mehrmals zwischen Franken und Langobarden und im Eisacktal ebenso zwischen Bajuwaren und Langobarden.

Wie sehr man das weitere Vordringen der Franken nach Süden fürchtete, zeigt am besten das schon erwähnte Schreiben der langobardischen Bischöfe aus dem Jahre 591 n. Chr. an den oströmischen Kaiser Maurikios. Sie verweisen in dieser Bittschrift darauf,

> *„daß die Erzbishöfe Galliens in der Nähe sind und zur Erteilung der Weihen an Neupriester herbeieilen. Und so wird die Eurer Herrschaft unterstehende Metropolitankirche von Aquileia, vermöge der Ihr durch Gottes Gnade, Kirchen unter den Heiden besitzt, sich auflösen."*

Die noch nicht an die Franken und Bajuwaren endgültig verlorengegange Gebirgsregion bei Meran und Säben wird in dieser Schrift immer noch als Rätien bezeichnet und ihre Zugehörigkeit zum Patriarchat Aquileia besonders betont. Der auf Säben residierende Bischof Ingenuinus wird hier als Episcopus Secundae Raetiae tituliert, also als Bischof des zweiten Rätien.

Säben gehörte auch nach 630 n. Chr., dem Einzug der Bajuwaren in dieses Gebiet des mittleren und unteren Eisacktales, weiterhin kirchlich zu Aquilea. Es wurde erst nach der Verbannung des Baiernherzogs Tassilo III. dem neu errichteten Erzbistum Salzburg im Jahre 798 n. Chr. zugeteilt, ein Zeichen für die in der Zwischenzeit erfolgte geistliche Orientierung nach Baiern.

Bei den Ausgrabungen auf der Kuppe des Säbener Felsens wurde erst in den letzten Jahren das schon lange gesuchte Grab des heiligen Ingenuinus gefunden, der nach seiner Flucht nach Aquileia wieder auf seinen angestammten Bischofssitz zurückkehren konnte. Die politischen Verhältnisse haben sich nach dem Einzug der Bajuwaren in das Eisacktal stabilisiert. Ingenuinus starb in Säben im Jahre 605 n. Chr.

Auf dem Berge Säben haben aber die Bischöfe nicht nur residiert, sie haben auch die Kirchen der umliegenden Dörfer Klausen, Feldthurns, Latzfons und Villanders gegründet. In dieser höher gelegenen Gebirgslage wurden die Rätoromanen erst viel später von den Bajuwaren verdrängt oder auch friedlich aufgenommen.

Über die Reihe der Säbener Bischöfe nach Ingenuin bestehen nur Vermutungen. Nach ihm ragt aus dem Dunkel der Geschichte erst wieder der Bischof Alim heraus, der die schon genannte Gründungsurkunde des Klosters Innichen aus dem Jahre 769 n. Chr. als letzter der Zeugen unterschrieben hat. Wir nehmen an, daß er Rätoromane war, obwohl zu dieser Zeit das Puster- und das Eisacktal vollständig von den Bajuwaren besiedelt waren.

Wir verlassen nun den geschichtsträchtigen Ort Säben und wandern weiter den Eisack abwärts. In Bozen wird schon im Jahre 680 n. Chr. von einem baierischen Grafen berichtet, wir können also annehmen, daß zwischen 630 und 680 n. Chr. das untere Eisacktal von den Bajuwaren besetzt und besiedelt wurde. Sie zogen aber nicht entlang des Eisacks nach Süden bis Bozen, denn man kann heute noch sehen, wie gefährlich und eng die Schlucht hier ist. Noch in unseren Tagen sorgen von Zeit zu Zeit Naturkatastrophen für Vermurungen dieses engen Tales und die Umgehung nach Bozen erfolgt dann, wie zur Zeit der Besiedlung durch die Bajuwaren, von Barbian oder Kollmann über die sogenannte „Kaiserstraße" in den mittleren Höhen des Rittens bis nach Bozen.

Dieser Weg über Lengstein, Lengmoos, Klobenstein und Unterinn bis Bozen war der Krönungsweg der deutschen Kaiser auf ihren Zügen nach Rom und vorher auch der Weg der ersten bajuwarischen Besiedlung.

Die unten im Tal neben dem Eisack verlaufende Straße wurde in der römischen Zeit unter Kaiser Tiberius zum Teil ausgebaut, dies läßt ein in der Mitte des unteren Eisacktales bei Blumau gefundener Meilenstein vermuten. Als das Römische Imperium im 5. Jahrhundert unterging und die Wege nicht mehr unterhalten wurden, vermurte und verfiel die Straße neben dem Eisack. Der Kaufmann Kunter erhielt Anfang des 14. Jahrhunderts die Erlaubnis, diese Wegstrecke des unteren Eisacktales auszubauen. Er hatte neben Bozen in der Salzstadt Hall reichen Besitz und war schon aus persönlichen Gründen an dem Ausbau und der Verkürzung dieser gefährlichen Wegstrecke interessiert. Er durfte dafür Maut von anderen Benutzern verlangen.

Aus dieser Tatsache, daß die Talenge des unteren Eisacks sehr spät erschlossen wurde, können wir rückschließen, daß die erste Besiedlungswelle der Bajuwaren auf der mittleren Höhe des Rittens nach Süden zog und dort die schon genannten Orte Lengstein, Lengmoos, Klobenstein und Unterinn in dieser frühen Zeit gegründet wurden.

Auf der gegenüberliegenden östlichen Talseite des Eisacks liegt zwischen dem Grödner Tal und dem in der Nähe Bozens gelegenen Eggen- und Tiersertal die bergige Seiser Alm. Hier erfolgte die erste bajuwarische Besiedlung von Waidbruck über Tisens, Kastelruth, Völs - am Fuße des herrlichen Schlern - über Prösels wieder bergab bis ins enge Eisacktal. Kurz vor Bozen weitet sich das Tal und bei Rentsch vereinigen sich der vom Ritten herunterführende Kaiserweg mit dem von Blumenau kommenden Weg zur Hauptstraße nach Bozen.

BOZEN UND DAS UNTERLAND

Die Lage des römischen und frühmittelalterlichen Bozen konnte nie genau festgelegt werden, es gab dazu mehrere wissenschaftliche Deutungen.

Erst durch eine Fliegerbombe des Zweiten Weltkrieges wurde die Suche nach dem alten Bozen wieder ausgelöst. Das Geschoß richtete zwar in der Stadtpfarrkirche erhebliche Zerstörungen an, aber dabei wurden im oberen Langhaus die Überreste einer frühchristlichen Kirche mit einer Priesterbank freigelegt. Ähnliche Kirchengrundrisse kennen wir in Norikum und Rätien.

Einige Zeit vor diesem überraschenden Fund suchte man im Überschwemmungsgebiet der beiden Flüsse Eisack und Talfer nach den Spuren des vergangenen Bozen, denn man glaubte, daß nach der Lage in der Natur hier nur eine „Wasserburg" errichtet hätte werden können. Man hielt auch den um 200 m höher gelegenen Virglberg für den Standort des frühen Bozen, denn von hier aus konnte man das gesamte Talbecken beherrschen. Nach den in der Bozener Stadtpfarrkirche erfolgten Freilegungen kann man aber nun die Lage des „römischen" Bozen so erkennen, daß am rechten Eisackufer eine Brückenkopfsiedlung lag. Sie war nach zwei Seiten durch Eisack und Talfer abgeschirmt und nach Norden hin durch eine Festungsmauer. Das ist nach der Lage in der Natur dieselbe Situation wie sie in Brixen im Mündungsdreieck zwischen Eisack und Rienz vor kurzem gefunden wurde. Hier lag das durch zwei Flüsse abgesicherte römische Kastell, aus dem später die heutige Stadt wuchs.

Die Anlage eines größeren Castrums war weder in Bozen noch in Brixen zur Zeit des Drusus und Tiberius notwendig. Als im Jahre 15 v. Chr. der Vorstoß der Römer nach Norden über Brenner und Reschen erfolgte, wurde die gesamte mittlere Alpenregion und das nördliche Alpenvorland bis zur Donau unterworfen und Bozen und das umliegende Land an Überetsch und südlich davon waren als sichere Etappe anzusehen.

Erst nach dem Rückzug der Römer und der Völkerwanderungszeit kam es im 7. und 8. Jahrhundert in der Gegend von Bozen zu Auseinandersetzungen des langobardischen Herzogs von Trient mit den Bajuwaren. Unser Gewährsmann Paulus Diaconus berichtet aus der Zeit um 680 n. Chr., daß ein „comes Baiuvariorum", also ein inzwischen hier residierender baierischer Graf, Bozen und die umliegenden Kastelle beherrschte. Die Bajuwaren waren nach 630 n. Chr. sowohl über den Ritten als auch über die Berghänge der Saiser Alm bis hierher in das untere Eisacktal vorgedrungen.

So wurde das Unterland bei Bozen und Trient für einige Zeit Grenzgebiet zwischen Bajuwaren und ihren südlichen Nachbarn, den Langobarden. Diese beherrschten aber nicht nur das Etschtal bei Bozen, sondern saßen auch in Überetsch und an der Etsch bis Meran.

Wir wollen uns an dieser Stelle nicht mit der Geschichte der Langobarden befassen, das würde zu weit führen. Nur soviel sei angedeutet, daß die Langobarden und die Bajuwaren vor der Völkerwanderungszeit in ihrer ursprünglichen Heimat nördlich der Alpen zueinander in engem Kontakt gestanden haben. Als sie nun in der Gegend von Bozen aufeinanderstießen - die Bajuwaren von Norden und die Langobarden von Süden her - waren es nicht „feindliche" Völker, aber trotzdem hat es zwischen den örtlichen Machthabern der beiden Stämme Rivalitäten und manche kleinere Gefechte gegeben.

Aus der langobardischen Stammesgeschichte wird uns berichtet, daß im Jahre 569 n. Chr., also ein Jahr nach der Besetzung Oberitaliens durch die Langobarden, Herzog Evin aus Trient die älteste Tochter des ersten bajuwarischen Herzogs Garibald heiratete.

Aber auch die Franken versuchten sich in dieser mittleren Alpenregion immer mehr durchzusetzen. So verlobte sich der Frankenkönig Childebert II. (575 - 595 n. Chr.) mit Theodolinde, der jüngeren Tochter des Herzogs Garibald, um das Bündnis der Franken mit den Bajuwaren zu festigen. Aber die Verlobung des fränkischen Königs mit Theodolinde wurde bald wieder gelöst. Schuld daran wird der in diesen Jahren im Etschland tobende Krieg gewesen sein. Die Bajuwaren unterstützten die Franken nicht in ihren Kämpfen an der Etsch, sie fühlten sich von jeher den Langobarden mehr verpflichtet. So verlobte sich die verschmähte Braut Theodolinde demonstrativ mit dem Langobardenkönig Authari.

Die berühmte Liebesgeschichte zwischen Theodolinde und Authari hat schon immer die Aufmerksamkeit der Geschichtsschreiber auf sich gezogen und wurde im Kapitel „Bajuwaren“ schon erwähnt, uns interessiert hier mehr der geschichtliche Hintergrund der Verbindung.

Mit einem kleinen Zug von Kriegern begab sich Authari 589 n. Chr. an den baierischen Herzogshof in Regensburg, er wollte dort unerkannt seine zukünftige Gemahlin kennenlernen. Er wird schon deshalb unerkannt gereist sein, um vor Mordanschlägen, die in Herrscherhäusern der damaligen Zeit gang und gäbe waren, sicher zu sein.

Auf der Rückreise von seiner erfolgreichen Brautwerbung wurde er von einem kleinen bajuwarischen Ehrengefolge begleitet. Nachdem Authari in die Nähe seines langobardischen

Königreiches kommt – also etwas südlich von Bozen – zeigt er seine ganze Reckenkraft, indem er sich in seinem Sattel erhebt und mit aller Macht seine Streitaxt in einen nahe gelegenen Baum stößt:

„Solche Hiebe führt Authari."

Wegen der neuen festen Bindungen zwischen beiden Nachbarstämmen verschlechtern sich zwangsläufig deren Beziehungen zu den Franken. Zur Zeit der fränkisch-langobardischen Auseinandersetzungen im Etschtal und in Oberitalien fällt ein fränkisches Heer in Baiern ein und zieht gegen die Hauptstadt Regensburg. Deshalb flieht Theodolinde mit ihrem Bruder aus der Stadt und begibt sich zu den Langobarden. König Authari zieht seiner Verlobten mit stattlichem Gefolge zum Empfang entgegen und 589 n. Chr. findet in unmittelbarer Nähe von Verona die Hochzeit der beiden statt.

Schon im Jahr darauf geht der Kampf gegen die Franken weiter und die Langobarden erringen einen glänzenden Sieg gegen sie:

> *„König Authari und die langobardischen Mannen ziehen ihnen rüstig entgegen und streiten tapfer für ihre Freiheit. Die Franken erleiden eine schwere Niederlage, viele von ihnen werden gefangengenommen, mehr noch entfliehen und erreichen nur mit Mühe und Not ihre Heimat wieder und es ist ein Blutbad im Heer der Franken angerichtet, wie man von keinem ähnlichen sonst weiß."*

Dieser Bericht ist uns von Paulus Diaconus in seiner Geschichte der Langobarden überliefert und diesmal war sein Gewährsmann ein Zeitgenosse Autharis und wahrscheinlich sogar Augenzeuge dieser Kämpfe: Der Trientiner Abt Secundus, der im Jahre 594 n. Chr. starb.

Abt Secundus schreibt, daß in diesen Kämpfen die Kastelle

Tesena *heute Tisens,*
Sermiana *heute Sirmian,*
Appianum *heute Eppan am rechten Etschufer,*
Maletum *heute Mölten am linken Etschufer*

von den Franken zerstört wurden.

So wissen wir, daß die zuerst genannten drei Orte damals in langobardischer Hand waren und der fränkische Heerzug von Mölten in das Etschtal bei Gries herunterzog, das unmittelbar am Ortsrand des heutigen Bozen liegt. Bozen selbst wird in diesem „Kriegsbericht" noch nicht erwähnt. Wir hören aber vom Säbener Bischof Ingenuin, daß er sich mit seinem Trientiner Amtsbruder nach dem Feldzug um die Freilassung der Gefangenen bemüht hat, wie dies in unserem Buche schon erwähnt wurde.

Das Stammland der Bajuwaren nördlich der Alpen nimmt indirekt am Kriegserfolg der Langobarden teil, denn das baierische Land wird von den Franken wieder geräumt.

Kurze Zeit nach dem für die Langobarden so erfolgreichen Krieg stirbt König Authari. Wahrscheinlich wurde er vergiftet und fiel den inneren Machtkämpfen zwischen den Herzögen seines Stammes zum Opfer.

Der Langobardenherzog Evin von Trient begibt sich nach dem Sieg ins Frankenland und schließt dort einen Friedensvertrag ab. Die bajuwarische Herzogstochter Theodolinde bleibt nach dem Tode Autharis im Lande und erhebt durch Heirat Herzog Agilolf zum König. Während ihrer Ehe mit Agilolf, die 25 Jahre Bestand hat, bemüht sich Theodolinde um ein friedliches Zusammenleben der Langobarden mit ihren bajuwarischen Landsleuten im Lande an Etsch und Eisack.

Theodolinde bemühte sich auch um eine gute Verbindung zu Papst Gregor I. (gest. 604 n. Chr.) und hob das Ansehen der katholischen Kirche, indem sie die Bischöfe ihres Königreiches mit Besitzungen ausstattete, die ihrer Stellung in der Gesellschaft entsprachen. Sie führte die Langobarden, die damals noch Arianer waren - sie bestritten die Wesensgleichheit von Gottvater und Gottsohn - zum „reinen" christlichen Glauben.

Nach dem Tode Theodolindes im Jahre 625 n. Chr. waren die politischen Verhältnisse in Oberitalien nicht mehr stabil. Das Volk der Langobarden war - wie schon 100 Jahre früher die Ostgoten - zahlenmäßig zu gering, um Oberitalien vollständig zu besetzen. Die viel zahlreichere Unterschicht der einheimischen Romanen setzte sich immer mehr durch. Auch die Oströmer aus Byzanz versuchten die langobardischen Eindringlinge zu verdrängen. Aber schon pochte ein weiterer mächtiger Feind an die Pforten Oberitaliens, der sogar die Oströmer in Bedrängnis und Tributzahlung brachte.

Die Awaren und die Slawen, die von den Bajuwaren im oberen Pustertal abgefangen worden waren, versuchten nun nach ihrer Niederlage nach Süden in Richtung Friaul vorzudringen. Sie verwickelten nicht nur den Herzog Gisulf von Friaul in Kämpfe, in denen er Leben und Herzogtum verlor, sondern auch die anderen langobardischen Teilherzogtümer kamen in Gefahr. Diese Schwächeperiode des langobardischen Volkes nützten die Bajuwaren und stießen beiderseits der Etsch von Bozen bis nahe Trient vor.

So berichtet uns Paulus Diaconus von dieser Besiedlung und dem bajuwarischen Vordringen nach Süden. Der ansässige langobardische Herzog kämpfte mit Macht um seinen Besitz und uns wird aus dem Jahre 680 n. Chr. berichtet:

„Als Alahis langobardischer Herzog in Trient war, kämpfte er gegen den von den Baiern gravio genannten comes (Graf) der Baiern, der Bozen und die übrigen festen Orte verwaltete, und schlug ihn gewaltig."

Daß dieser baierische Stadthalter in Bozen ein Graf war, zeigt deutlich, daß es sich um ein Grenzgebiet des baierischen Herzogtums handelt. Nur an den Grenzen übergaben die baierischen Herzöge die weltliche Macht an Markgrafen, die die Verteidigung der Grenzmarken in ihren Händen hielten.

Zum Machtbereich des genannten Bozener Grafen gehörten die Etsch aufwärts gelegenen Orte Siebeneich, Terlan, Vilpian und auch Obermais bei Meran. Bei Terlan und Vilpian hören wir wieder aus den römischen Ortsnamen heraus, daß es sich um Straßenstationen an der Via Claudia Augusta handelt. Das nördlich von Bozen gelegene Siebeneich besitzt eine uralte Heilquelle. Diese Schwefelquelle wurde schon von den Römern besucht - wie zahlreiche Opfergaben beweisen - und die Bajuwaren suchten sie ebenfalls auf. Bei der Christianisierung des Etschtales wurde sie den heiligen Ärzten Cosmas und Damian geweiht und die Tradition dieses Badeortes ist bis in unsere Tage nicht abgerissen.

Der erwähnte bajuwarische Graf von Bozen konnte die Langobarden nicht bis Trient zurückwerfen. So mußten zwangsläufig die nachdrängenden, nach Land suchenden Bajuwaren in die mittleren Berghöhen des Ritten hinaufsteigen. Der Ritten wurde im Osten, im Süden und im Westen besiedelt. Ein Hinweis auf die Richtung der Landnahme ist, daß die Urpfarrei des Gebietes in Mölten auf dem Salten liegt. Ungehindert konnten hier oben die Bajuwaren über Hafling nach Obermais bei Meran vordringen. Unten in der Tiefe des Etschtals aber kämpften die Franken gegen die Langobarden und die Via Claudia war zu einer Heerstraße geworden.

Die Region des Überetsch, also das Land von Eppan bis Andrian südlich von Meran, war schon immer in langobardischer Hand gewesen. Obermais dagegen wechselte mehrmals im Besitz zwischen Langobarden und Bajuwaren. Die „Besitzübergabe“ geschah aber meist friedlich, da bei Heiraten zwischen den Herrscherhäusern dieses fruchtbare Land an der Etsch als Morgengabe mitgegeben wurde. Die Zeiten der Besitzübergabe können wir aus der Heiligenlegende Korbinians herausfinden. Wir sehen dort, daß die Burg auf dem Zenoberg bei Meran um 710 n. Chr. in der Hand der Bajuwaren war und wenige Jahre danach wieder in den Besitz der Langobarden überging. In der Zeit des Todes von Korbinian im Jahre 730 n. Chr., als er neben dem südtiroler Landesheiligen St. Valentin auf dem Zenoberg begraben wurde, war der Ort wieder in langobardischer Hand.

In der Zeit der beiden letzten Agilolfinger Herzöge Odilo und Tassilo wechselte das Etschtal zwischen Bozen und Meran friedlich den Besitzer. Zwischen Bozen und Trient, wie schon geschildert, hatte sich eine relativ stabile Grenze bei Salurn herausgebildet. Herzog Tassilo ließ im Jahre 769 n. Chr. in Bozen die Gründungsurkunde für das Kloster Innichen ausfertigen. Er befand sich dort nach dem Verlassen des damals befreundeten langobardischen Königreiches in der ersten bedeutenden Siedlung seines Herzogtums und die Grenzverhältnisse haben sich seit den vorangegangenen hundert Jahren nicht wesentlich verändert.

Bevor wir die Umgebung Bozens verlassen, wollen wir uns mit dem Flußübergang über Etsch und Eisack auseinandersetzen. Zur Zeit der Römer und der Besiedlung der Bajuwaren waren die Flußübergänge von ausschlaggebender Bedeutung. Als frühe schriftliche Quelle kennen wir die Peutinger Tafel, die diesen uns interessierenden Streckenabschnitt so beschreibt:

Tridentum *heute Trient,*
Ponte Drusi *Lage der Brücke heute nicht bekannt,*
Sublavio heute Kollmann.

Die Lage der Pons Drusi in unmittelbarer Nähe Bozens ist nicht bekannt. Da zwei Römerstraßen, eine östlich und eine andere westlich der Etsch von Trient nach Bozen führten, ist von der Rekonstruktion der Straßenführungen her eine eindeutige Festlegung des Brückenplatzes nicht möglich. Man kann eher von der Situation in der Natur rückschließen, daß der Weg nach Norden den Eisack noch überbrücken mußte, bevor die Schlucht beim Karneiderbach dieses fast unmöglich machte. Es bot sich dafür in der Talenge ein Platz an, dort wo der uralte Räterweg „Troy Payan“ von der Seiser Alm und die Kaiserstraße vom Ritten bei Rentsch im Eisacktal zusammenkommen. Dort in der Nähe der St. Martin-Kirche dürfte die sagenumwobene Pons Drusi, die Brücke des Drusus, gelegen haben, die auch für die Besiedlung des Landes durch die Bajuwaren als Eisackübergang von ausschlaggebender Bedeutung war.

Bevor wir nun den Weg der Bajuwaren im Etschtal weiterverfolgen, wollen wir einen Blick auf die westlichen und östlichen Seitentäler werfen.

Über der Etsch zieht sich von Meran über Tisens, Prissian, Andrian, Eppan, Kaltern bis Tramin ein fruchtbarer Landstrich entlang der Via Claudia Augusta nach Süden.

Nach der Eroberung des langobardischen Königsreiches in den Jahren 773 und 774 n. Chr. durch Karl den Großen blieben diese Ländereien noch einige Zeit in den Händen der Langobarden. Aber die Franken setzten ihre straffe Reichsorganisation durch und so übernahmen allmählich fränkische Adelige die langobardischen Besitzungen. Da die Langobarden den einheimischen Romanen zahlenmäßig weit unterlegen waren, konnten sie nur wenige Stützpunkte im Etschland halten, die nun von den Franken übernommen wurden. Die Bajuwaren waren aber zahlenmäßig wesentlich stärker und sie erhielten ständig Zuzug aus ihrem Heimatland nördlich der Alpen. Sie unterwanderten allmählich die untergehenden Langobarden und so wurden die oben genannten Orte des Überetsch von Meran über Bozen bis Tramin bajuwarisch. Sogar darüber hinaus nach Westen erfolgte eine Besiedlung der Orte am Nonsberg und über das Gampenjoch. Die Straße kommt von Meran aus dem Etschtal auf den Bergsattel und führt über die bekannten Wallfahrtsorte „Unsere Liebe Frau“ und „St. Felix“ in das romanische Gebiet des Nonstals.

Westlich dieser Wallfahrtsorte liegen im Gebirge die Gemeinden Laurein und Proveis, die vom Ultental aus besiedelt wurden. Einige traditionelle Bräuche lassen den Rückschluß zu, daß diese Orte noch zum langobardischen Einflußbereich gehörten. Von hieraus hat sich die Sprachgrenze nach Süden zu den Romanen bis heute nicht mehr wesentlich verändert, obwohl die deutschen Gemeinden verwaltungsmäßig zur Gerichtsherrschaft Castelfondo gehörten und sicherlich von dort her beeinflußt wurden.

Die östlich von Bozen im Gebirge gelegenen Orte sind in noch späterer Zeit als die westlich der Etsch gelegenen von den Bajuwaren besiedelt worden. Wahrscheinlich ist die Ursache darin zu sehen, daß die Römer das Etschtal als Durchzugsland angesehen und deshalb die bergigen Regionen nie erschlossen hatten und sich so die Urbevölkerung in den unwegsamen Gebirgstälern viel länger halten konnte.

Aber nun zurück zum Etschtal. Der Hauptweg führt von

Bozen über Leifers, Branzoll, Auer nach Neumarkt im unteren Tal und von dort weiter über St. Florian, Laag zur bekannten Salurner Klause.

Bei Auer zweigt nach Osten die Straße in das Fleimstal und zu den beiden deutschen Gemeinden Altrei und Truden ab. Hier war der Urweg vom Etschtal ins Fleimstal schon immer vorhanden, der von Kaltenbrunn über den Trudener Sattel nach Auer, Pinzon und Neumarkt führte. Die bajuwarische Besiedlung erfolgte über den Trudner Sattel bis sie bei Altrei und Truden im romanisch besiedelten Gebiet zum Stillstand kam. Aber die Besiedlung dieser Gebirgsgegend wurde erst zu Anfang des 12. Jahrhunderts durch die Baiern durchgeführt und schon der Name Antreu - der von reuten also roden kommt - weist auf die Zeit der Landnahme hin, als in einem zweiten Besiedlungsschub die höher gelegenen waldigen Gebirgsgegenden gerodet wurden.

In Leifers im Etschtal vermutet man den historischen „Eselsbrunnen oder Häselinbrunnen" an dem nach einer Sage die aus dem Eisacktal vorrückenden Bajuwaren gegen die Langobarden eine Schlacht geschlagen haben sollen. Es dürfte aus dem Sinngehalt der Sage zu entnehmen sein, daß sich hier nach langen Kämpfen die Grenze zwischen Bajuwaren und Langobarden festsetzte.

Bis Branzoll war die Etsch im Mittelalter schiffbar. Wenn man an die zugrunde gegangenen Straßen aus der Römerzeit denkt, kann man sich die Wichtigkeit der kleinsten Flußläufe für Reisen und für Transporte vorstellen.

Neumarkt entwickelte sich zum Hauptort des Unterlandes und dürfte wohl an der Stelle der alten römischen Straßenstation Endidae liegen. Der Weg führt von dort über St. Florian und Laag zur heutigen Sprachgrenze an der Salurner Klause.

Diese Engstelle im Etschland war schon immer ein Kampfplatz gewesen. Paulus Diaconus berichtet vom Ende des 6. Jahrhunderts, daß Herzog Evin aus Trient in einem der zahlreichen Kriegszüge das aus dem nördlichen Etschtal vorgedrungene fränkische Heer bei „Salurnis“ geschlagen hat. Die Bajuwaren standen zu dieser Zeit noch im Norden im Eisacktal, die Langobarden und Franken stritten sich um den Besitz des mittleren Etschtals. Aber durch ihre zahlenmäßige Übermacht und ihr strategisches Können besiegten im Laufe der nächsten zwei Jahrhunderte die Franken das langobardische Volk, das im Jahre 774 n. Chr. von Karl dem Großen endgültig geschlagen wurde. Aber nicht nur die militärische Macht, sondern auch die völkische Kraft der Langobarden begann zu erlahmen. So konnten sich die Bajuwaren in der Zeit vor und nach der langobardischen Niederlage allmählich über Bozen und Leifers hinaus bis Trient ausdehnen. Im selben Jahre 774 n. Chr. tritt uns in Trient nach vielen romanischen der erste germanische (bajuwarische) Bischof mit dem Namen Siegbert entgegen.

Nachdem Tassilo wenige Jahre vorher durch einen großen Sieg gegen die Karantanen die Ostgrenze seines baierischen Herzogtums gefestigt hatte, versuchte er nun in dieser Umbruchzeit in Oberitalien auch die Grenze seiner Herrschaft nach Süden vorzuschieben. Der bekannte Historiker Wolfgang Braunfels schreibt:

> *„Für Tassilo war es zeitweise durchaus noch realistisch, dem Frankenstaat einen Alpenstaat gegenüberzustellen, zu dem sich Langobarden, Baiern und vielleicht auch die Alemannen zusammenschließen hätten können.“*

Karl der Große sah diese Gefahr des Alpenstaates unter bajuwarischer Führung. Aber er hatte nach seinem Regierungsantritt im Jahre 768 n. Chr. zuerst im Süden gegen die Araber und im Osten gegen die Sachsen zu kämpfen. Erst als die Grenzen seines Frankenreiches gefestigt waren, begann er die Probleme im Süden und Südosten zu lösen.

Zuerst erfolgte die Unterwerfung der Langobarden, so daß nun das bajuwarische Herzogtum allein gegen ihn stand. Das Glück Tassilos hatte sich gewendet, der baierische Hochadel, der noch zur Zeit der Gründung des Klosters Innichen, wie die Gründungsurkunde beweist, zu seiner Seite neigte, kehrte sich von ihm allmählich ab und orientierte sich zur aufsteigenden Macht der Franken.

Im September 787 n. Chr. kam es auf dem Lechfeld zu einer Machtdemonstration der Franken gegen die Baiern. Herzog Tassilo erhielt zwar nochmals aus der Hand seines Vetters Karl das Herzogszepter, aber seine Regentschaft dauerte nur noch kurze Zeit.

Im Jahr darauf wurde er zum Hoftag nach Ingelheim gerufen und dort wegen einer 25 Jahre zurückliegenden Schuld - einer „Fahnenflucht“ - zum Tode verurteilt.

Erschütternd ist es in den Reichsannalen für das Jahr 788 n. Chr. dieses Ende der bairischen Selbständigkeit und den Untergang des Herzogs Tassilo zu erfahren:

> *„Da versammelte König Karl einen Reichstag auf dem genannten Hofgut Ingelheim, dorthin kam Tassilo auf Weisung des Königs wie auch seine anderen Vasallen, und zuverlässige Baiern fingen an zu sagen, Tassilo halte sein Wort nicht, vielmehr erwies er sich nachher als eidbrüchig, nachdem er schon unter anderen Geiseln seinen Sohn gegeben und den Eid geleistet hatte, und zwar auf*

Betreiben seiner Frau Luitberga. Das konnte Tassilo auch nicht bestreiten, sondern mußte gestehen, daß er nachher Boten zu den Awaren geschickt, die Vasallen des genannten Königs Karl zu sich entboten und ihnen nach dem Leben getrachtet habe. Wenn seine Leute Treue schworen, forderte er sie auf, eine andere Gesinnung festzuhalten und den Schwur arglistig zu leisten. Ja er bekannte sich sogar zu der Äußerung, auch wenn er zehn Söhne hätte, wollte er sie alle verderben lassen, ehe die Abmachungen gültig bleiben und er zu dem stehe, was er geschworen habe. Nachdem all das gegen ihn erwiesen war, zeigte sich, daß die Franken und Baiern, Langobarden und Sachsen und wer aus allen Ländern auf diesem Reichstag versammelt war, in Erinnerung an seine früheren Übeltaten, wie er auf einem Heereszug den König Pippin verließ, diesen Tassilo zum Tode verurteilte. Während aber alle einstimmig ihm zuriefen, er solle den todbringenden Richterspruch fällen, erreichte der genannte fromme König Karl voll Erbarmen aus Liebe zu Gott und weil er sein Vetter war, bei diesem Gott und ihm getreuen Männern, daß er nicht sterben mußte. Und auf die Frage des genannten milden Königs, was sein Begehren sei, bat Tassilo darum, sich scheren zu lassen, in ein Kloster eintreten und seine vielen Sünden bereuen zu dürfen, um seine Seele zu retten. Desgleichen wurde sein Sohn Theodo abgeurteilt, geschoren und ins Kloster gesteckt."

Tassilo wurde geschoren und verschwand in Klosterhaft zusammen mit seiner Familie.

Karl der Große übergab die Regierungsgewalt in Baiern seinem Schwager Gerold und die Herrschaft im Etschland an fränkische Adelige und Krieger. Auch die Angehörigen der baierischen Adelsgeschlechter, die sich zu den Franken hin orientiert hatten, erhielten Stammsitze östlich und westlich der Etsch.

Die bajuwarische Sprachgrenze schob sich über die Salurner Klause hinaus nach Trient vor. Nach der Jahrtausendwende wurde das Vordringen der Bajuwaren nach Süden über Trient hinaus zum Stillstand gebracht und die einheimischen Romanen kaum mehr unterwandert. Ein deutlicher Hinweis auf den Stillstand der bajuwarischen Besiedlung und das spätere Vordringen der Romanen nach Norden wird im folgenden Kapitel der „Sieben und Dreizehn Gemeinden" auf der Hochfläche von Asiago gezeigt werden.

Die Salurner Klause ist bis zum heutigen Tag Sprachgrenze zwischen den Nachkommen der Bajuwaren und dem sich allmählich aus den Romanen bildenden Volk der Italiener geblieben.

DIE SIEBEN UND DREIZEHN GEMEINDEN

Bei der Eroberung Oberitaliens durch die germanischen und bajuwarischen Stämme ist die Besiedlung des Hochlandes südöstlich von Trient ein interessantes Geschichtskapitel. Spärliche Urkunden aus dem 8. bis 11. Jahrhundert berichten darüber. Die Germanen werden in den Schriften als „Teutonici" genannt.

Da noch heute die Bewohner dieser oberitalienischen Gegend als „Zimbern" bezeichnet werden, glaubte man lange Zeit, diese auf die germanischen Stämme der Cimbern und Teutonen zurückführen zu können. Diese These wird aber heute nicht mehr vertreten, zurecht, wie uns ein kurzer geschichtlicher Rückblick zeigt.

Die Teutonen und Cimbern verlassen vor dem Jahre 113 v. Chr. ihre Heimat im heutigen Jütland und durchziehen in wechselvollen Kriegszügen über ein Jahrzehnt lang Mitteleuropa. Die Teutonen werden von den Römern in Südfrankreich vernichtend geschlagen.

Die Cimbern hatten sich schon bald von den Teutonen getrennt, da es schwierig war, so große Volksstämme mit über Zehntausenden von Stammesangehörigen durch bewohnte Gebiete zu führen und vor allem sie zu verpflegen. Wahrscheinlich hatten deshalb die Führer der beiden Volksstämme vereinbart, sich nach dem Überqueren der Alpen an der Grenze des römischen Reiches wieder zu vereinigen und gemeinsam dort Land zu erobern. Die Cimbern kamen nach mannigfachen Irrfahrten durch die schwäbisch-baierische Hochebene über die östlichen Alpen nach Oberitalien, wo sie in der Nähe von Mailand von den Römern vernichtet wurden. Ein Rest des cimbrischen Volkes wurde in die Sklaverei abgeführt und tauchte in einem Aufstand für kurze Zeit noch einmal in der römischen Geschichte auf.

Die Erinnerung an diesen blutigen Untergang eines germanischen Volkes hat sich für Jahrhunderte in der Nachwelt erhalten. Aber außer dieser Erinnerung ist nichts geblieben, zur Zeit des Ostgotenkönigs Theoderich waren die cimbrischen Volksreste in der einheimischen romanischen Bevölkerung aufgegangen.

Das heute noch gebräuchliche Wort „Zimbern" für die Bewohner dieser Sieben und Dreizehn Gemeinden auf der Hochebene zwischen Trient, Verona und Vicenza hat also direkt nichts mit dem germanischen Volksstamm der Cimbern zu tun. Die Bewohner dieser Gemeinden nannten und nennen sich noch heute „Tautscha", das heißt Deutsche.

Schwierig ist die Untersuchung, welcher germanische Stamm in der Zeit der Völkerwanderung und danach die südöstlich von Trient gelegene Hochfläche in Besitz genommen hat. In der zeitlichen Reihenfolge der Wanderbewegung kämen dafür

die Ostgoten,
die Langobarden,
die Bajuwaren

in Frage.

Die Ostgoten siedelten in Oberitalien und König Theoderich hatte einen seiner Regierungssitze in Verona, von wo er seine Macht nach Südfrankreich und nach Raetien und Norikum im heutigen Österreich ausdehnte. Nach seiner Regierungszeit erneuerten die vom Norden nach Südfrankreich vordringenden Franken die Bündnisse mit den Ostgoten nicht mehr. Da diese der einheimischen Bevölkerung zahlenmäßig weit unterlegen waren, zogen die letzten ostgotischen Könige mit den immer mehr und mehr zerschlagenen Resten ihres Stammes nach Mittelitalien und gingen dort zugrunde. Es ist kaum anzunehmen, daß sich noch Reste dieses Volkes in die oberitalienische Bergwelt retten konnten, zumal schon vor dem Untergang Teile anderer Stämme - die sich den Ostgoten auf ihrem Zug angeschlossen hatten - in ihre alte Heimat nördlich der Alpen zurückgekehrt waren.

Der zweite Volksstamm, der für die Besiedlung dieser Hochebene nach unseren Kenntnissen aus der Geschichte in Frage käme sind die Langobarden. Sie haben seit ihrer Besetzung der oberitalienischen Ebene im Jahre 568 n. Chr. in mehreren Herzogtümern das eroberte Gebiet zwischen Alpen und Apennin beherrscht. Aber wie die Ostgoten waren die Langobarden bei weitem nicht volksstark genug, um das eroberte Land zu besiedeln und die einheimische romanische Bevölkerung zu verdrängen, obwohl sie auch Volkssplitter anderer Stämme, wie z. B. der Rugier, aufgenommen hatten. Die Langobarden bildeten immer nur eine Oberschicht von „Arimannen“ d. h. Heermännern, die von den Einheimischen ernährt werden mußten als Gegenleistung für den militärischen Schutz, den sie leisteten.

Nach dem erwähnten Feldzug Karl des Großen gegen die Langobarden, der die Kraft dieses Volkes endgültig gebrochen hatte, war der Untergang und die Auflösung nur noch eine Frage der Zeit. Die langobardische Sprache verschwand im 9. und 10. Jahrhundert in der Poebene. Nur der geografische Begriff „Lombardei“ erinnert an die Langobarden und die zahlreichen Ortsnamen, die auf -enga oder -engo enden, bringen heute noch an unser Ohr einen Nachklang der langobardischen Sprache. Ob Teile dieses Volkes , das nicht im Krieg unterging wie die Ostgoten, sondern von den einheimischen Romanen integriert wurde, in die Berge nördlich von Verona flüchtete, soll hier näher untersucht werden.

Einer der ersten deutschen Forscher, der sich mit dem Problem der Herkunft dieser Zimbern befaßte, war in der Mitte des vergangenen Jahrhunderts Ludwig Steub:

> *„Die Deutschen, welche in den damaligen Urkunden vorkommen, sind als solche nicht nur der Anfang der Zimbern, wofür man sie bisher gehalten hatte, sondern sie sind auch die Fortsetzung oder die letzten Ausläufer der ehemaligen Eroberer, die man jetzt Teutonici oder Germani nannte, weil der lombardische Name damals bereits ein größtenteils welsches Volk (Romanen – Italiener) bezeichnete. Daß sich die Sprache erhalten hat, ist, wenn es Langobarden sind, um nichts wunderbarer, als wenn es Bajuwaren wären. Wir geben uns also die Ehre, die transtridentinischen Deutschen als die wieder aufgefundenen Langobarden – die Enkel Alboins und Autharis – in unsere angesehene Völkerfamilie einzuführen und versprechen uns einen umso wärmeren Empfang derselben, als sie allen Anzeichen nach nicht mehr lange unter uns bleiben werden."*

Worauf gründet sich nun diese Theorie, die Bewohner der Sieben und Dreizehn Gemeinden seien zu einem Teil Nachfahren der Langobarden? Die Urkunden aus dem 8. und 9. Jahrhundert sind zwar spärlich, aber sie lassen auf jeden Fall soviel erkennen, daß diese Hochebene in der genannten Zeit von einem germanischen Stamm besiedelt war.

Ein Ausgangspunkt für unsere Überlegung und Untersuchung soll das Tal Valsugana sein, das bei Trient nach Südosten vom Etschtal abzweigt und den Weg nach Aquileia, dem christlichen Zentrum Oberitaliens, erheblich abkürzt. Bei Civezzano, am Talbeginn bei Trient, wurden bei Grabungen zahlreiche Funde gemacht, die eindeutig auf die Besiedlung dieses Tales durch die Langobarden hinweisen. Nach der Zeit der Eroberung saßen sie also nicht nur in der Herzogstadt Trient, sondern sie versuchten allmählich die Umgebung der Stadt und das wichtige Tal Valsugana zu besiedeln. Diese Täler, das Valsugana, das nahegelegene Fleimstal und Cembratal (Zimberntal!) waren von einheimischen Romanen nur dünn besiedelt, ebenso das westlich der Etsch gelegene Nonstal.

Die Bodenfunde beweisen also, daß die Langobarden in der Zeit ihrer Einwanderung die Besiedlung des verkehrsmäßig und militärisch so wichtigen Tales Valsugana begonnen haben, aber ihre zahlenmäßige Stärke und ihr geringes Volkswachstum reichten zu einem Siedlungserfolg nicht aus. So ging der Zusammenhang des langobardischen Sprachgebietes zwischen dem südlich um Vizenca gelegenen Teil und dem nördlichen bei Trient verloren. Es ist anzunehmen, daß sich die Stammesreste in einem längeren Zeitraum in die Nebentäler und Höhen zurückzogen, da in den Haupttälern ständig gekämpft wurde. Die Langobarden zogen sich also im 8., 9. und 10. Jahrhundert in die südöstlich von Trient gelegene Hochebene von Asiago, wie sie heute genannt wird, zurück. Ihnen erging es ähnlich wie den Ladinern im Pustertal, die auch in höhere Regionen auswichen, um ihr Volkstum zu erhalten.

Bevor wir nun den Weg des Rückzugs auf die sichere Gebirgshöhe nachgehen, seien hier kurz die Sieben Gemeinden aufgeführt:

Enego zimbrisch	*Genebe*
Foza	*Vüsche*
Gallio	*Ghel*
Asiago	*Sleghe*
Roana	*Roboan*
Rotzo	*Rotz*
Lusiana	*Lusaan*

Der Einfachheit halber und da sich die Bezeichnung in der Literatur so eingeführt hat, wollen wir weiterhin das Wort „zimbrisch" benutzen, wohlwissend, daß es sich um keine Nachfahren der Cimbern handelt.

Die Hochfläche der Sieben Gemeinden ist vom Tal Valsugana, durch das die Brenta nach Süden fließt, nur schwer zugänglich. Am besten verläßt man bei Primolano die Hauptstraße und fährt die zahlreichen, nicht ungefährlichen Kehren nach oben bis Enego - Genebe. Dieser steile Zugang war für die Sieben Gemeinden ein ausgezeichneter Schutz und schon in der Nähe der ersten Straßenabzweigung aus dem Tal leicht zu verteidigen, wie dies auch heute noch zu sehen ist.

Auf der Karte läßt sich leicht erkennen, daß die Sieben Gemeinden an einer in der Natur von Ost nach West verlaufenden Linie liegen und dies läßt die Anlage eines „Limes" vermuten, der gegen Feinde gut zu verteidigen war.

Der Besuch der genannten sieben Orte gibt wegen der völligen Zerstörung im Ersten Weltkrieg keinen Rückblick in die germanische Vergangenheit. Nur alte Bilder können einen Eindruck von der früheren Besiedlung und von den einzelnen Gebäuden vermitteln. So müssen wir uns auf Urkunden stützen, die uns die Möglichkeit - mit aller gebotenen Vorsicht - geben, auf die Zeit der Besiedlung Rückschlüsse zu tun. Aus

Schriften wissen wir, daß Kaiser Otto I. (936 bis 973 n. Chr.) das Land der Sieben und auch der Dreizehn Gemeinden in das Herzogtum Baiern einbezog. In seiner Regierungszeit fanden keine großen Wanderungen deutscher Stämme mehr statt. Also ist anzunehmen, daß schon vor seiner Regierungszeit die aus dem nördlichen Etschtal nachdrängenden Baiern eine dünne langobardische Bevölkerungsschicht auf dieser Hochebene vorgefunden und sie allmählich unterwandert haben.

Es gibt zwei Möglichkeiten, diese Behauptung zu beweisen, einmal durch die Erforschung der Sprache und zum zweiten durch die Untersuchung der Bau- und Siedlungsweise.

Nur an wenigen Beispielen sei das Vordringen und das Überlagern des baierischen Dialekts aufgezeigt. Die Worte wie „Pfaff" für Pfarrer oder „baip" für Weib zeigen auf die Zeit der bajuwarischen Besiedlung hin, geben aber auch bei „baip" die langobardische Sprache zu erkennen, in der unser „w" fast immer als „b" gesprochen wird, wie auch in „bain" statt Wein und „basser" statt Wasser.

Noch heute kann man die kraftvollen und voll tönenden Sprachreste in der Gemeinde Lusern hören.

Auf einen weiteren Beweis der später erfolgten bajuwarischen Einwanderung, auf die Bau- und Siedlungsweise soll noch eingegangen werden. Nach der Zeit der Erstbesiedlung durch die Langobarden und der bald darauf nachrückenden Bajuwaren kam nach der Jahrtausendwende eine zweite baierische Einwanderungswelle.

Durch die Benediktinerklöster im baierischen Heimatland nördlich der Alpen und die deutschen Bischöfe in Verona erfolgte die Förderung dieses zweiten Zuzugs, um die Länder der Hochebene zu kultivieren. Im Jahre 1310 wurde die Republik der „Sieben Kamäun“ ausgerufen, um eigene Wesensart und baierischen Freiheitswillen im Grenzland zu den Romanen hin zu dokumentieren:

„Dise saint sieben alte Komoin – prüüdere liibe.“

„Diese sind die Sieben Alten Gemeinden, liebe Brüder“.

Im Gegensatz zu den Sieben Gemeinden wurden die Dreizehn Gemeinden von den aus der oberitalienischen Ebene vordringenden Langobarden vom südlich gelegenen Verona her besiedelt. Sie sind wesentlich rascher in der einheimischen Bevölkerung aufgegangen, da sie nach kurzer Zeit nicht mehr in direktem Zusammenhang mit dem Umland standen und so der Zuzug fehlte und die kulturelle Verbindung allmählich verloren ging. Ihre cimbrischen Ortsnamen sind heute zum Teil in Vergessenheit geraten:

Velo Veronese zimbrisch	*Vellje*
Val di Porro	*Porrental*
Azzarino	
Roverè di Velo	
Camposilvano	
Selva di Progno	*Prugne*
San Bartolomeo Tedesco	*Bòrtolom*
Badia Calavena	*Kalwein*
San Mauro di Saline	
Chiesanuova	*Nuagankirchen*
Tavernola	
Erbezzo	
Cerro Veronese.	

Im Gebiet der Dreizehn Gemeinden haben sich nur noch wenige Reste der alten cimbrischen Sprache erhalten.

Nur noch in Ljetzan, einem Ortsteil der Gemeinde Selva di Progno, wäre ein Nachforschen zu wünschen und bei Cerro Veronese liegt in unmittelbarer Nachbarschaft die Silva Hermanorum und dieses Wort deutet auf „heriman“, den langobardischen Ausdruck für Kriegsmann hin. Zu stark drängten in dieses Gebiet die Romanen von Süden vor und brachten alle sprachlichen Reste der Langobarden und Baiern zum Verschwinden.

Aber eine gute Möglichkeit, den Beweis der Erstbesiedlung durch die Langobarden und der „Nachbesiedlung“ durch die Bajuwaren zu führen, gibt uns die baugeschichtliche Erforschung der wenigen erhaltenen Gebäude. Es ist ein Glücksfall, daß vor der Zerstörung des letzten überlieferten Hausgutes im Zweiten Weltkrieg der Wissenschaftler Alwin Seifert noch die Möglichkeit hatte, einige Gebäude zu untersuchen und zu vermessen.

Vom Grundsätzlichen her ist festzustellen, daß im illyrischen Alpenraum die Urform des Hauses aus liegendem Rundholz-Blockwerk gefügt war und darauf ein flacher Dachstuhl gestellt wurde. Die Bajuwaren und Alemannen hatten im Gegensatz dazu einen Ständerbau, d.h. senkrecht stehende Pfosten und darauf wurde ein steiles Pfettendach errichtet.

Die Langobarden waren als Volk mit den Bajuwaren nahe verwandt. Daher erbauten sie wie diese ihre Häuser in einem senkrecht stehenden Ständerwerk und setzten ebenso darauf ein steiles Pfettendach. Die letzten noch erhalten gebliebenen Gebäude am Südrand der Hochfläche der Sieben Gemeinden (und der Dreizehn Gemeinden) zeigen eindeutig diesen steilen langobardisch-bajuwarischen Dachstuhl.

Aber nun läßt sich noch ein weiterer Hinweis finden, der auf die vorhergegangene langobardische und die nachfolgende bajuwarische Besiedlung hinweist. Der bajuwarische Dachstuhl ist - so wie heute - im Gegensatz zum fränkischen und anderen ein Pfettendachstuhl und diese Pfetten wurden durch First- und Stuhlsäulen abgestützt. In der Zeit der frühen Besiedlung des heutigen Tirol und Südtirol durch die Bajuwaren wurde der Dachstuhl im Heimatland nördlich der Alpen geändert und durch ein einfaches Sprengwerk, dem sog. Sperrhaxenstuhl, verbessert. In den wenigen noch vorhandenen Gebäuden der Hochebene ist deutlich der langobardische vom späteren, gesprengten bajuwarischen, Dachstuhl zu unterscheiden. Dies ermöglicht uns in etwa die zeitliche Festlegung der Einwanderungsperioden.

Die Langobarden haben in der Zeit vor und nach 774 n. Chr., als sie von Karl dem Großen unterworfen wurden, auf dem Rückzug vor den Franken die Hochebene östlich von Verona und Trient besiedelt.

Die Bajuwaren sind vermutlich erst nach der Jahrtausendwende zugewandert und haben dabei die oben geschilderte Haustradition mitgebracht. Auch der baierische Sprachforscher Schmeller hat im vergangenen Jahrhundert eine Urkunde aus Benediktbeuern gefunden, die über die Ansiedlung von Untertanen des Klosters im Gebiet der Dreizehn Gemeinden um das Jahr 1050 n. Chr. durch den germanischen Bischof Walter aus Verona berichtet.

Aber einen weiteren überzeugenden Schluß für die Festlegung der Besiedlung fand Alwin Seifert bei der Dachdeckung. Die Häuser der Sieben Gemeinden waren durchweg mit steilen Walmdächern ausgeführt und mit Schilf eingedeckt. Das ist eine erstaunliche Feststellung, denn wir wissen,

Futterhaus am Ritten

Futterhaus: Sieben Gemeinden, Staatsarchiv München

„daß die baierischen Bauern ihre Häuser bis in die neueste Zeit herauf noch mit Stroh gedeckt haben und nie mit Schilf.“

Warum also dieses so erstaunliche Eindecken mit Schilf?

„Das Eindecken mit Schilf waren die Langobarden gewohnt, und nur sie. Sie waren ein paar Hundert Jahre lang am Neusiedler See gesessen und dort macht man heute noch alles aus Schilf, Wände und Dächer. Man hatte also das Schilf viele Tagesreisen weit mit Kuhgespannen aus den Sümpfen des Po bei Mantua geholt und dreizehnhundert Meter hoch den Berg heraufgefahren – so etwas ist nur möglich, wenn es in vielhundertjähriger Überlieferung so selbstverständlich geworden ist, daß über die Unzweckmäßigkeit niemand mehr nachdenkt.

Dabei hatten die Leute das Stroh vor der Haustüre, denn selbstverständlich bauten sie ihr Brotgetreide auch auf der Hochfläche selber an.“

Diese uralte Tradition des Schilfdeckens ist also der letzte zwingende Schluß, neben manchem anderen, daß die Langobarden nicht nur die Dreizehn Gemeinden, sondern auch die Sieben Gemeinden als erste besiedelt haben und als ihre Volkskraft erlahmte, die Bajuwaren um die Jahrtausendwende und später in diese Hochfläche kamen.

Um den geschichtlichen Überblick abzurunden, sei noch erwähnt, daß Tirol, Südtirol und die Sieben und Dreizehn Gemeinden zu Beginn des vergangenen Jahrhunderts von 1806 bis 1815 noch einmal zu Baiern kamen.

Erfreulich ist es, daß heute in unserer schnelllebigen Zeit die frühe baierische Sprache und das alte Brauchtum wieder gepflegt werden. Sogar in einigen Schulen wird die cimbrische Sprache in wenigen Unterrichtsstunden gesprochen und in Roana ist ein Zentrum entstanden, in dem bajuwarische und cimbrische Gemeinsamkeiten wieder entdeckt werden.

Deutsche und Italiener bemühen sich dieses Kleinod auf der Hochfläche zu erhalten, damit die Vielfalt der Völker die Zukunft Europas belebt.

Zeitgeschichte	*bajuwarische Geschichte*	*fränkische Geschichte*
451 *Schlacht auf den katalanischen Feldern*		
455 *Die Vandalen unter Geiserich plündern Rom (Vandalismus)*		
476 *Odoaker setzt Romulus Augustulus ab*		
	482 *Tod Severins*	*481–511* *Chlodwig: Gründung des fränkischen Reiches*
		486 *Eroberung des Reichs des Syagrius in Gallien*
	488 *Zusammenbruch der Römerherrschaft in Noricum*	
493–526 *Theoderich der Große*		
493 *Ermordung Odoakers – Gründung des Ostgotenreiches*		
		um 497/98 *Taufe Chlodwigs Unterwerfung der Alemannen*

Zeitgeschichte	*bajuwarische Geschichte*	*fränkische Geschichte*
		507 *Sieg über die Westgoten*
	511 *Eugippius der Schüler Severins, verfaßt die „Vita Severini“*	*511–531* *Chlodwigs Söhne erobern Burgund, die Provence, Alemanien und Thüringen*
527–565 *Justinian I:* *Versuch der Wiederherstellung der Reichseinheit von Byzanz aus*		
		534–548 *Theudebert I.* *Baiern wird Franken angegliedert*
535–555 *Belisar und Narses beseitigen als Feldherren Byzanź das Ostgotenreich*		
		540 *Die Franken besetzten Agunt im Pustertal*
	um 540-550 *Einwanderung oder Landnahme der Bajuwaren*	
543–555 *„Dreikapitel“ – Streit über Wesensgleichheit bzw. -ähnlichkeit zwischen Gottvater und seinem Sohn*		

Zeitgeschichte	*bajuwarische Geschichte*	*fränkische Geschichte*
	um 550–590 *Herzog Garibald heiratet Walderada, die Witwe des fränkischen Königs Theudebald*	
	um 551 *Jordanes erwähnt in seiner Gotengeschichte erstmals die Bajuwaren*	
		561 *Reichsteilung: Austrien, Neustrien, Burgund*
	565 *Venantius Fortunatus nennt noch die Breonen als Völkerschaft im tirolischen Inntal*	
		567 *Venantius Fortunatus wird Bischof von Poitiers*
568–774 *Langobarden in Oberitalien*	*568* *Einzug der Langobarden in Oberitalien*	
	589 *Der Langobardenkönig Authari heiratet Garibalds Tochter Theodolinde*	
		um 590 *Der hl. Columban kommt nach Gallien und gründet das Vogesenkloster Luxeuil*

Zeitgeschichte	bajuwarische Geschichte	fränkische Geschichte
	591 *Tassilo I. wird als Herzog vom fränkischen König Childebert II. eingesetzt*	
	592 *Sieg der Bajuwaren über die Slawen bei Toblach.* *Besitznahme des Inntals, Brenners, Puster- und Eisacktals* *Vinschgau vermutlich bei Franken*	
	595 *Tod von 2000 Bajuwaren bei Auseinandersetzung mit Slawen und Awaren*	
	um 605 *Tod des Bischofs Ingenuim von Säben*	
um 610 *Nach Niederlage bei Agunt schlägt Garibald II., Tassilos Sohn, die Slawen.* *Das Pustertal wird somit behauptet*	*vor 614* *Eustasius, Schüler des Columban, missioniert in Baiern*	
636–652 *Rothari*		*ab ca. 650* *Verfall des Merowingerreiches. Aufstieg der Hausmeier (später: Karolinger)*
	670 *Bajuwaren stoßen über die Enns zum Wienerwald vor*	

Zeitgeschichte	*bajuwarische Geschichte*	*fränkische Geschichte*
		679–714 *Pippin d. Mittlere*
	um 680 *Grenzkämpfe mit* *Langobarden bei* *Bozen. Anwesenheit* *eines bajuwarischen* *Grafen bei Bozen belegt*	
		687 *Schlacht bei Tertry.* *Pippin setzt sich gegen* *den konkurierenden* *Adel durch*
	vor 700 *Mission von Rupert,* *Bischof von Salzburg,* *und Emmeram, Bischof* *von Regensburg, im* *Auftrag Herzog* *Theodos*	
	nach 700 *Korbinian missioniert* *als Bischof von Freising* *(mehrere Aufenthalte* *in der Nähe Merans)*	
712–744 *Liutprand*		
		714–741 *Karl Martell*
	723-783 *Arbeo, Bischof von* *Freising (geb. in Mais* *in der Nähe Merans).* *Verfaßt die Lebens-* *beschreibungen* *der Heiligen Emmeram* *und Korbinian*	

Zeitgeschichte	*bajuwarische Geschichte*	*fränkische Geschichte*
	725 und 728 *Feldzüge Karl Martells nach Baiern*	
		732 *Sieg bei Tours und Poitiers über die Araber*
	737–748 *Herzog Odilo. Baiern relativ selbständig.*	
	738/39 *Kirchenorganisation des Bonifatius im Auftrag des Papstes (Bistümer Regensburg, Passau, Freising, Salzburg – später Würzburg und Eichstätt)*	
	Zw. 739 und 743 *Lex Bajuwariorum (mit älterem Kern)*	
743 *Niederlage Odilos gegen die Franken*	*745–784* *Bischof Virgil von Salzburg*	
	748-788 *Herzog Tassilo III.*	
		751–768 *Pippin der Jüngere – Absetzung der Merowinger: Nach einem Brief an Papst Zacharias wird Pippin zum König gekrönt und von Bonifatius gesalbt*

Zeitgeschichte	*bajuwarische Geschichte*	*fränkische Geschichte*
		756 *Pippinsche Schenkung: Kirchenstaat*
		768-814 *Karl der Große*
	769 *Innichen zur Missionierung der Slawen gegründet*	
	772 *Tassilo besiegt die Slowenen*	
774 *Desiderius muß als König abdanken und die Franken übernehmen die Herrschaft im Langobardenreich*		*774* *Eroberung des Langobardenreiches, Karl d. G. nun „rex Francorum et Langobardorum“*
	777 *Kremsmünster zur Missionierung der Slawen gegründet*	
	788 *Absetzung Tassilos auf Reichstag zu Ingelheim, Ende der Agilolfinger. – Baiern wird fränkische Provinz*	
		800 *Kaiserkrönung Karls des Großen*

LITERATURVERZEICHNIS

QUELLEN

EINZELDARSTELLUNGEN

Arbeo, Vita et passio Sancti Haimhrammi Martyris, hrsg. und übersetzt von Bernhard Bischoff, München 1953

Conversio Bagoariorum et Carantanorum, MGH, SS XI, hrsg. von M. Kos, 1936

Eugippius, Vita Severini, hrsg. und übersetzt von Rudolf Noll, Passau 1981

Gesta Ruperti, MGH, SS rer. Merov. 6, hrsg, von Wilhelm Levison

Paulus Diaconus, Historia Langobadorum, hrsg. von L. Bethmann und G. Waitz, MGH, SS rer. Langob. et Ital., 1878

SAMMLUNGEN

Bosl, Karl (Hrsg.), Dokumente zur Geschichte von Staat und Gesellschaft I/1, bearb. von K.-L. Ay, München 1974

Lex Baiuvariorum, Auswahl mit Einleitung und Erläuterungen, hersg. von H. Riesinger, (= Straubinger Hefte, 4), Straubing 1954

Die Traditionen des Hochstifts Freising, Band I, hrsg. von Th. Bitterauf, (= QE, NF, Bd. 4), 1905

Zeiß Hans, Quellensammlung für die Geschichte des bairischen Stammesherzogtums bis 750, München 1929

SEKUNDÄRLITERATUR

Aventinus, Johann, Bairische Chronik (1526), Frankfurt 1566

Baur, Ingeborg, Die Mundart des Fersentales, Masch. Diss. Innsbruck 1962

Bosl, Karl (Hrsg.), Zur Geschichte der Bayern, Darmstadt 1965

ders., Die ersten siebenhundert Jahre deutsch-bayerischer Geschichte Südtirols, in: ZBLG, 42, 1979

Braitenberg, Carl v., Der Burgfrieden des Schlosses Zenoberg, in: Der Schlern 40, 1966

ders., Der hl. Corbinian und das Castrum Maiense, in: Der Schlern 42, 1968

Braunfels, Wolfgang (Hrsg.), Karl der Große, Band 1, Düsseldorf 1965

Die Brennerstraße, (= Jahrbuch des Südtiroler Kulturinstituts 1), Bozen 1961

Büttner, Heinrich, Die Alpenpolitik der Franken im 6. und 7. Jahrhundert, in: HJB 79, 1960

Clavadetscher, Otto P., Die Alpen in der europäischen Geschichte des Mittelalters, Konstanz 1965

Egger, J., Geschichte Tirols, 3 Bände, Innsbruck 1872/80

Finsterwalder, Karl, Pustertaler Ortsnamen, in: Der Schlern 39, 1965

Gamber, K., Domus Ecclesiae. Die ältesten Kirchenbauten Aquilejas sowie im Alpen- und Donaugebiet bis zum Beginn des 5. Jahrhunderts liturgiegeschichtlich untersucht, (= Studia patristica et liturgica, 2), Regensburg 1968

Ganshof, Francois Louis, Was ist das Lehnswesen?, Darmstadt 1977

Heuberger, Richard, Raetien im Altertum und Frühmittelalter, in: Der Schlern 20, 1932

ders., Die Grenzen der Römerprovinzen innerhalb Tirols, in: Der Schlern 27, 1953

Hoeniger, Karl Th., Das Castellum Bauzanum - die Moosburg am Eisack, in: Der Schlern 30, 1956

Huter, Franz, Die historisch-politische Entwicklung Tirols, in: ders. (Hrsg.), Alpenländer mit Südtirol, (= Handbuch der historischen Stätten Österreichs, Band 2), Stuttgart 1966

Kellner, Hans-Jörg, Die Römer in Bayern, München 1978

Kollautz, Awaren, Langobarden und Slawen in Noricum und Istrien, (= Carinthia I, 155), 1965

Kranzmeyer, Eberhard, Die bairischen Kennwörter und ihre Geschichte, Wien 1960

Kühebacher, Egon, Volk und Sprache im obersten Inn- und Etschtal, in: Jahrbuch des Südtiroler Kulturinstituts, Band V ff., 1965 - 1967

ders., Die Hofmark Innichen, Bozen 1969

Landesgruppe Tirol des Vereins für christliche Erziehungswissenschaft (Hrsg.), Wilten, (= Tiroler Heimatbücher, Band 1), Wilten 1924

Löwe, Heinz, Corbinians Romreisen, in: ZBLG 16, 1951/52

Lunz, Reimo, Ur- und Frühgeschichte Südtirols, Bozen 1973

Mitterauer, Michael, Das agilolfingische Herzogtum und sein Machtbereich in den Ostalpen, in: Der Schlern 45, 1971

Noll, Rudolf, Frühes Christentum in Österreich, Wien 1954

Nothdurfter, Hans, Die Region Trentino - Südtirol im Frühmittelalter, Masch. Siena 1981

Pauli, Ludwig, Die Alpen in Frühzeit und Mittelalter, München 1981

Prinz, Friedrich (Hrsg.), Arbeo von Freising und die Agilulfinger, in ZBLG 29, 1966

ders., Mönchtum und Gesellschaft im Frühmittelalter, Darmstadt 1976

Rampold, Josef, Südtiroler Landeskunde in Einzelbänden, Band 1 ff., Bozen 1971 ff.

Reiser, Rudolf, Agilolf oder die Herkunft der Bayern, München 1977

ders., Die Kelten in Bayern, Rosenheim 1984

Seifert, Alwin, Langobardisches und gotisches Hausgut in den Südalpen, in: Der Schlern 36, 1962

Sparber, Anselm, Das Bistum Sabiona in seiner geschichtlichen Entwicklung, Brixen 1942

ders., Zur ältesten Geschichte Innichens, in: Der Schlern 29, 1955

Staudacher, Karl, Die Römerstraßen im Pustertale, in: Der Schlern 15, 1934

Stifte und Klöster, (= Jahrbuch des Südtiroler Kulturinstituts 2), Bozen 1962

Stolz, Otto, Die Ausbreitung des Deutschtums in Südtirol im Lichte der Urkunden, München 1927 - 34

ders., Verkehrsgeschichte der Brenner- und Reschenstraße, Berlin 1942

ders., Geschichte des Landes Tirol, Band 1, Innsbruck 1955

Teßmann, Friedrich, Zur baierisch-langobardischen Landnahme in Südtirol, in: Der Schlern 30, 1956

Willvonseder, Kurt, Kelten in Tirol?, in: Der Schlern 36, 1962

Wopfner, Hermann, Deutsche Siedlungsarbeit in Südtirol

ders., Die Reise des Venantius Fortunatus durch die Ostalpen, in: Festschrift E. v. Ottenthals, (= Schlern-Schriften 9), Innsbruck 1925

Wurzer, Bernhard, Die deutschen Sprachinseln in Oberitalien, Bozen 1969

Zibermayer, Ignaz, Noricum, Baiern und Österreich, München/Berlin 1944

Zöllner, Erich, Der bairische Adel und die Gründung von Innichen, in: K. Bosl (Hrsg.), Zur Geschichte der Bayern, Darmstadt 1965